北大版汉语教

# The Vault of Teaching Games

# 中文游戏大本营

## —课堂游戏100例

〔新西兰〕Victor Siye Bao
Sihuan Bao  编著
John Tian

下册
(Volume II)

北京大学出版社
PEKING UNIVERSITY PRESS

图书在版编目（CIP）数据

中文游戏大本营：课堂游戏 100 例（下册）/（新西兰）Victor Siye Bao, Sihuan Bao, John Tian 编著 . —北京：北京大学出版社，2010.10

（北大版汉语教学辅助用书）

ISBN 978-7-301-17606-1

Ⅰ. 中…　Ⅱ.①B…②B…③T…　Ⅲ. 汉语-对外汉语教学-教学参考资料　Ⅳ. H195.4

中国版本图书馆CIP数据核字（2010）第151888号

书　　　　名：中文游戏大本营——课堂游戏100例（下册）
著作责任者：〔新西兰〕Victor Siye Bao　Sihuan Bao　John Tian　编著
责 任 编 辑：贾鸿杰
插 图 绘 制：张　晗　张定彪
标 准 书 号：ISBN 978-7-301-17606-1/H · 2612
出 版 发 行：北京大学出版社
地　　　　址：北京市海淀区成府路205号　100871
网　　　　址：http://www.pup.cn
电 子 信 箱：zpup@pup.pku.edu.cn
电　　　　话：邮购部 62752015 发行部 62750672 出版部 62754962 编辑部 62752028
印 刷 者：北京宏伟双华印刷有限公司
经 销 者：新华书店
　　　　　　787毫米×1092毫米　16开本　9.5印张　183千字
　　　　　　2010年10月第1版　2013年4月第3次印刷
印　　　　数：5001—6000册
定　　　　价：42.00元

# 目　录

游戏的创新和改进

# 游戏的创新和改进

在上册里，我们已经谈过了游戏的改进和创新的问题。这里我们有必要再次提醒一下读者其中最重要的两点：

## 一、游戏的设计原则

### 1. 游戏应有目的性

教师不能随意地安排游戏，游戏必须为教学服务。因此教师要根据教学的内容和目标进行合理的设计。

### 2. 游戏应有创造性

游戏活动只有具备创造性才能在课堂上有生命力。这就要求教师做到能创造性地设计游戏活动，灵活地处理教材内容与游戏的关系。

### 3. 游戏要有一定难度

教师在设计游戏时要把握游戏的难度，使游戏活动既能最大限度地激发学生的参与热情，又能使课堂充满悬念与挑战，使学生乐于尝试，并有机会在活动中体验成功。

### 4. 游戏应有可操作性

教师设计的游戏活动应当形式简单、易于操作，这样才能使每个学生都能参与且乐于参与，使每个游戏活动能充分发挥其应有的作用。

### 5. 游戏应具备多样性

学生喜欢在课堂上以游戏的形式学习知识，但是同一个游戏玩儿过多次之后，学生就会对其失去兴趣。这就需要教师平时注意积累多种游戏的方法，不断设计新的游戏，以满足学生强烈的好奇心，持续激发他们的兴趣。

二、创造和修改教学游戏的过程

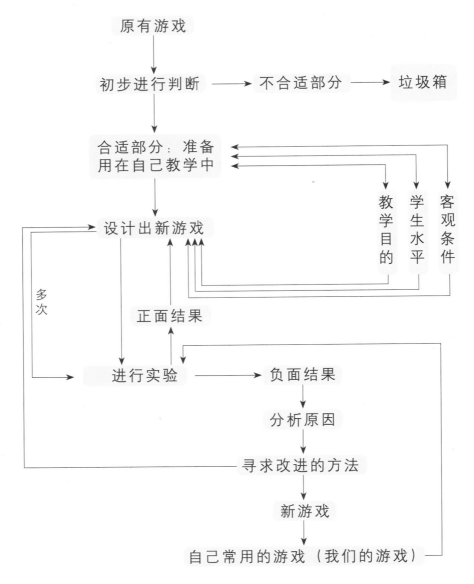

　　上册中的例子就不在这里重复了。请读者记住这个图，在阅读本册每个游戏的时候都停下来想一想，怎么把介绍的游戏根据自己的教学目的、学生水平和客观条件进行改进和创新。除了本书介绍的游戏以外，如果读者能够自己创造和改进一些游戏，那么作者就倍感欣慰了。

# 第五部分

## 就是爱说汉语

模拟面试 >>>

# 一、模拟面试
## ——谁可以做天气预报员？

### 游戏背景

什么活动是"一问一答"这种方式最完整的体现呢？模拟面试无疑是最佳答案。在中文课堂里，没有哪个游戏活动比模拟面试更适合做一问一答的对话练习了。模拟面试既可以锻炼口语，又能够潜移默化地让学生感觉到如何在真实的环境中运用中文，一举两得。

怎么问？我们把这个环节直接交给学生，让学生来当主考官，这样就可以调动他们的积极性，而且设计提问也能发挥学生的主观能动性，满足他们的好奇心。也许你会从中发现一些千奇百怪的问题，甚至会让你大跌眼镜，但是这都没关系，我们的目的就是让学生开动脑筋，在一问一答中灵活使用中文。

## 游戏准备

1. 黑板／白板。
2. 摄像机。

## 游戏过程

1. 把学生按一男一女分成若干组，同时选择好评委组的顺序，告诉评委组要在面试完了以后给出评论。

2. 告诉学生他们要参加一个面试，目的是应征天气预报员的工作。可以给学生放一个中央电视台天气预报的录像，之后给学生20分钟的时间准备。

3. 老师在黑板／白板上写出几个城市／国家的名称和一些关于天气情况的词

语，比如：北京晴，10—15 度；上海小雨，20—25 度；南京大风，阴，13—23 度……

4. 抽签决定表演顺序，并决定哪个组做这一轮的评委组。

5. 开始面试，让第一组学生进行表演。

6. 评委给出评论，和老师讨论该组是否有机会进入下一轮表演。

7. 继续游戏，直到最后一组结束。

8. 老师简单评论，确定第二轮的游戏内容。

## 注意事项

1. 为了更加真实，老师可以要求一个学生做导演，一个做摄影。

2. 让学生轮流做评委。

3. 被淘汰的学生一定要给出可以怎么改进，如果有时间，可以让他们重新组合，再试一次。

4. 为了活跃气氛，老师可以说："你被淘汰了！"等等。

5. 这个活动还可以用在其他很多话题上，比如爱好、食物、购物等。

心得随笔

模拟面试

# 二、接受还是拒绝邀请

## 游戏背景

　　舞会上的假面具，其实就像是横亘在学生跟中文之间的一道屏障。揭开面具，勇敢交流才能有效提高汉语水平。如何打开面具探寻真实的面孔呢？我们还是从邀请别人开始吧。

　　我们可以在课堂上模拟一次假面舞会，通过交流，告诉学生如何用汉语邀请别人。既然是邀请，就一定会有拒绝和接受之分。这样，在舞会当中，学生就能不知不觉地掌握关于拒绝和接受的汉语表达。

## 游戏准备

1. 学生围坐成一圈。
2. 模拟化妆舞会的场景，学生们都戴上假面具。

## 游戏过程

1. 让学生围坐成一个圈，每个人准备一句话用于邀请别的同学一起做一个活动。
2. 找一个学生开始，让他邀请一个同学，用上句型："我们今天一起去……好吗？"
3. 受到邀请的人要到邀请人的面前，通过抛硬币来决定是拒绝还是接受邀请。正面代表接受，反面代表拒绝。如果要接受邀请，得说："好的。"之后坐回原来的位置；如果要拒绝邀请，得说："对不起，我不能，因为我要和……一起去……"，邀请人就要坐到圆圈内，直到另外一个人进来才可以出去。

4. 游戏一直继续，直到每个人都有机会去邀请别人，或者到了规定的时间。

5. 最后一个坐在圈子里面的人将会受到惩罚。如果圈子里面没有人，那么每个人都得到奖励。

## 注意事项

1. 因为这个游戏的目的是让学生用中文进行对话，所以如果学生汉语水平高的话，可以让他们自由对话，不用通过抛硬币来决定接受还是拒绝。

2. 一定要让每个人都有机会去邀请别人。

3. 也可以提前把问题做成卡片（白色），如果想让学生练习写字，可以让他们把句子写在卡片上，供大家游戏的时候用；再在有颜色的卡片上写上拒绝或接受邀请的句子，让被邀请人从有颜色的卡片中抽取，按照上面的提示说出句子。

接受还是拒绝邀请

心得随笔

# 三、今天我来做警察

## 游戏背景

在少儿汉语教学中，要时刻记住：很多你想让学生学习的东西都可以变通一下，让他们在游戏中掌握。学生很喜欢有竞争性的活动，如果利用好了这一点，学生就会在不知不觉中进行很多原本枯燥的练习。

这个游戏其实就是让学生练习对话，同时把对话的内容记录下来，在游戏中练习了听、说和写的技能。

## 游戏准备

1. 黑板上写上"坦白从宽、抗拒从严"，模拟审问现场。
2. 有关警察、罪犯的道具，增强逼真感。

## 游戏过程

1. 把学生分为几组，每组最好不要超过4个人，其中一个人扮演嫌疑人，一个人扮演记录员，另外的学生扮演警察。
2. 让嫌疑人在老师事前准备好的话题中挑选一个，用中文说出一件事。比如嫌疑人可以说："昨天我去深圳了。"
3. 之后警察开始发问："你什么时候去的？""你和谁去的？""你去深圳做了什么？""你在深圳买了什么？""你花了多少钱？""你几点到达的？""你为什么去深圳？"……
4. 总之警察要问尽量多的问题，嫌疑人要给尽量少的信息。

5. 记录员需要快速记录下对话，最后需要警察和嫌疑人一起看，然后签字。

6. 每组在完成游戏以后，一定要把记录整理好，贴出来。信息量最多的那组获胜。

今天我来做警察 >>>

**注意事项**

1. 老师要事先根据教学的内容多准备点儿句子供嫌疑人选择。

2. 每个组中的角色要经常变化。

3. 如果班级不大，可以全班一起做这个游戏。

4. 老师需要巡视以确定学生是在用中文进行对话。

5. 最重要的是，每组在完成游戏以后，一定要把记录整理好，贴出来。哪怕多花点儿时间也是值得的。

# 四、老狼老狼几点了?

## 游戏背景

　　这个游戏经常被用来教小孩子认时间。学生在游戏中，互相挑战，很快就会学会怎么认时间。如果你熟悉了这个游戏，在教很多话题的时候都可以使用这个游戏。

## 游戏准备

1. 用纸板做两个钟表（用真的也可以），供比赛用。
2. 将学生分为两组。

## 游戏过程

1. 将学生分成两组。如果班上人数太多，可以多分几个组轮流比赛。最后选择两组进行决赛。要求每个队要用一种动物作为队名，比如一个叫小狗，一个叫老狼。

2. 比赛前用剪刀、石头、布决定先开始的队伍。先开始的小狗队的一个学生先到老狼队钟表前面，用手设定一个时间，然后说："老狼老狼几点了?"老狼队里的第一个学生要在5秒（根据学生程度设定，可变）内说出时间；如果说对了，得5分；如果不会，同队的可以帮助，说对了可以得3分，错了不得分。

3. 老狼队中回答问题的队员答完问题以后，快速跑到小狗队的表前面，设定一个时间，然后说："小狗小狗几点了?"小狗队的一个学生要在规定的时间里说出正确的时间。计分方式同上。

4. 直到先开始的小狗队的第一个学生回答过问题，比赛终止。得分多的就是
   胜利者。

## 注意事项

1. 队名不一定规定用动物名字，可以用新学的生词，甚至一个句子。
2. 老师要根据不同的话题自己决定用什么道具。
3. 问的问题也要跟所学的话题结合。
4. 在用新的话题和问题的时候，最好先花些时间就相关话题进行热
   身练习。

# 五、杀 手

## 游戏背景

　　这是笔者打球以后和朋友吃饭时学到的一个比较新的游戏。非常好玩儿，也很容易上瘾。回到学校，我尝试把这个游戏用在中文教学上，经过一段时间的磨合，学生都开始熟悉并喜欢上了这个游戏。其实这个游戏的目的就是让学生在练习对话的时候更有积极性。如果你本来就会这个游戏，那么就请多想想怎么进行变通更适合你的学生。

## 游戏准备

1. 让学生练习对话：

　　你是哪国人？

　　你今年上几年级？

　　你每天几点起床？

　　你每天几点上学？

　　你每天几点放学？

　　你每天几点睡觉？

2. 时钟一个。

## 游戏过程

1. 给学生解释游戏规则。强调学生在游戏中一定要用中文进行会话练习，如果发现有学生用别的语言，立即停止游戏。把要学生练习的问题都写在白板上，以便游戏过程中使用。

2. 规定好杀人的手势。因为大家要猜测谁是杀手，所以杀人手势要非常隐蔽。比如可以是学生在握手的时候，杀手使劲握一下对方，或者是用中指点一下对方手心，也可以是眨眼等。

3. 全班学生围坐一圈。老师说："天黑了！请闭上你的眼睛！"所有的学生就要闭上眼睛，头伏在桌子上。

4. 老师在四周走动，选择杀手；选中一个学生就轻轻拍他一下，这个学生就要睁开眼睛看看还有谁被选为杀手，杀手确认其他杀手身份以后点头示意，确定杀的对象之后闭上眼睛。

5. 杀手确认身份闭上眼睛之后，老师再停几秒钟说："天亮了。"所有的学生睁开眼睛。

6. 老师告诉学生一共有几个杀手，然后给学生三分钟时间互相练习对话，学生要握手。杀手在对话过程中，利用规定的手势杀人，被杀的人可以继续和别的同学进行对话练习，但不可以告诉别人自己已经被杀。有的时候，一个人可能被几个杀手杀死几次。

7. 规定时间到了以后，老师说："停！"被杀死的学生坐到一旁观看，不可以再说话。

8. 剩下的幸存者和杀手一起，老师组织大家猜测谁是杀手。先让一个同学指出嫌疑人，学生要用"我觉得……是杀手，因为……"这个句型说出理由，之后大家举手表决。

9. 大家快速判断谁是杀手。接着后面的同学轮流提出嫌疑人，然后大家举手表决。如果有两个或多个人的票数相同，可以给他们一分钟时间进行自我辩护，然后再投票，被大家表决出局的人，要跟被杀的人呆在一起。如果最后只剩下杀手，杀手赢。如果杀手全部被踢出，则杀手输。

## 注意事项

1. 从最简单的规则开始游戏，等学生熟悉后，可以商量修改规则。

2. 练习对话时要坚持让学生用中文。

3. 鼓励学生用中文进行讨论，选出杀手。

4. 可以把学生应该学习的课堂用语放在游戏中，让学生在讨论的时候先说出课堂用语，然后再指出嫌疑人。

5. 老师要参与进去，注意控制时间和场面，发现问题及时解决。

# 六、谁在说谎？

## 游戏背景

这个游戏利用小孩子好动和在学校学到的戏剧方面的知识，在练习比较枯燥的句型的时候非常有用。

## 游戏准备

1. 老师准备一个书包，书包里面放一些文具、书本等等。

2. 用不同颜色的纸做一些纸条，每张纸条都写上："这是我的书包，因为我的书包里面有 ＿＿＿＿＿＿＿＿＿＿＿＿＿＿＿＿＿。"

## 游戏过程

1. 把学生分成四组，比赛以小组为单位。

2. 向学生讲解比赛规则：每个小组先派一个学生上来抽取纸条，用30秒或1分钟填好物品，至少要两样，不允许跟底下的同学交流。其中有一张纸条是老师事先做了记号的，拿到做记号的纸条的就是说谎者。之后老师问问题，比如："这是你的书包吗？"拿纸条的学生回答老师问题的时候，要尽量用夸张的声音和动作；底下的同学要用"我觉得……是说谎的人"来猜测谁在说谎，每一组只有一次机会，不同的组可以猜同一个人是说谎者；如果猜对了，得到1分，如果猜错了，扣掉1分；如果没有人猜对，说谎者的组得到1分。

3. 老师让第一轮的四个学生上来抽纸条，老师在学生抽取前才临时做记号，这样一来可以方便知道把有记号的纸条给了哪个同学。

4. 抽到纸条的同学准备好了以后，老师拿出书包高声地问："这是谁的书包？"

5. 台上的学生轮流说出他们的句子。

6. 说完了，老师问："你们谁在说谎？" 四个学生全都说："我没有说谎。"

7. 老师问下面的同学："你们觉得谁在说谎？"

8. 四个组的学生要分别用中文说出自己的看法和原因。

9. 老师根据事先做好的记号判断学生猜得对不对，然后给分数。

10. 继续下一轮，一直到规定的时间结束游戏。

## 注意事项

1. 每次做记号的时候不要有规律，要经常变化。

2. 要鼓励学生多说中文，哪怕夹着点英文也可以。

3. 如果是在教新的生词，老师可以从书包里面拿出物品，说给学生听，以强化记忆。

## 游戏变通

1. 可以搞成小组竞赛，但是要规定猜测的次数限制，如果猜对了得 1 分，如果在规定的次数内没有人猜出谁是说谎者，那么说谎者所在的组得 1 分。

2. 可以采取老师问，台上同学回答的形式。

心得随笔

# 七、他做了什么？

## 游戏背景

　　发动你的学生、同事和朋友帮你收集一些票据，比如购物清单、飞机票等，甚至不同餐馆和咖啡馆的餐巾、牙签等。你可以保留实物，也可以复印留底，然后根据教学内容做这个游戏。

　　游戏很简单，就是让学生拿着你给他们的单据，说出在过去的某个时间，他/她做了什么。

## 游戏准备

1. 购物单据、飞机票、地图等。
2. 相关句型卡片，用于提示学生或者让学生根据卡片上的句型造句。
3. 三个不同颜色的信封。

## 游戏过程

1. 老师先带学生复习怎么用中文说或写蔬菜、水果或一些常用物品名。
2. 之后复习怎么说价钱，比如一斤苹果四块八。
3. 再让学生知道怎么用"我觉得……"说出他们的看法。
4. 把学生分成若干组，每组发一个信封，里面放一些票据，要求学生根据票据在十分钟内写出这个人都做了什么，比如他/她什么时间去了哪里，买了什么，花了多少钱。
5. 一共有三个颜色的信封，做完一个到老师那里领另外一个。
6. 三个信封都写完后比赛结束。写对信息最多、时间最快的那个组获胜。

7. 每个学生选择一个票据，根据刚才的活动，写出一篇120个字的文章，谈谈你的相关购物经历。

他做了什么？

**注意事项**

1. 这个游戏可以一个人一组，也可以多人一组。

2. 根据学生的水平，要求学生说出不同的信息。对于水平高的学生，老师可以在单据上加上不同的信息，比如要求学生用"先……然后……"写出购物的过程。

3. 如果想增加竞争性，可以把单据放在不同颜色的信封里面，每组选择一个，每一轮在规定的时间里写的或说的信息最多、最详细的那组获胜。

4. 如果想让学生练习写字，可以让他们把说的话写在一张大纸上。

五子棋

# 八、五子棋

五子棋

### 游戏背景

　　五子棋，也就是我们平常所说的五子连珠，是比较流行的一种棋类活动，在学生中也广为流传。我们可以把这个游戏应用到中文教学中：以卡片代替棋子，如果谁能把自己的五个棋子连成一线就算赢。连线的同时要注意动脑子，选择合适的位置阻截对手，以阻止对方的五个子连成一线。阻截的方式就是正确回答相应位置编号的卡片上的问题。

　　通过这个游戏，我们可以得到一些启发：尽量选取跟学生平时生活相近的活动来设计游戏，这样可以让学生很快上手，可以节省许多解释游戏的时间。因为很多情况下，我们面对的都是母语非汉语的学生，利用他们平时生活中喜闻乐见的游戏能让他们快速地明白老师的意图。另一方面，通过传统的游戏方式还可以增进学生对中国文化的了解。

　　下面，就让我们进入这个有趣而又生动的游戏吧。

## 游戏准备

　　1. 第一套是生词卡片：

| shāngdiàn 商店 | huādiàn 花店 | yínháng 银行 | yàodiàn 药店 | jùyuàn 剧院 | gōngyuán 公园 |
|---|---|---|---|---|---|
| shìchǎng 市场 | lǚguǎn 旅馆 | gǎngkǒu 港口 | jiēdào 街道 | cháguǎn 茶馆 | gōngchǎng 工厂 |
| ròudiàn 肉店 | hēishì 黑市 | diàntái 电台 | yùndòngpǐnshāngdiàn 运动品商店 | | |

| bówùguǎn<br>博物馆 | gējùyuàn<br>歌剧院 | wàimàidiàn<br>外卖店 | záhuòdiàn<br>杂货店 | lǐfàdiàn<br>理发店 | diànyǐngyuàn<br>电影院 |
|---|---|---|---|---|---|
| dòngwùyuán<br>动物园 | zhíwùyuán<br>植物园 | tǐyùguǎn<br>体育馆 | jiāyóuzhàn<br>加油站 | fēijīchǎng<br>飞机场 | huǒchēzhàn<br>火车站 |
| dìtiězhàn<br>地铁站 | chāoshì<br>超市 | dàshǐguǎn<br>大使馆 | gōng'ānjú<br>公安局 | tíngchēchǎng<br>停车场 | shòupiàochù<br>售票处 |
| wánjùdiàn<br>玩具店 | shìzhèngfǔ<br>市政府 | gǔwándiàn<br>古玩店 | jiùhuòdiàn<br>旧货店 | jiājùdiàn<br>家具店 | gānxǐdiàn<br>干洗店 |
| tiānwénguǎn<br>天文馆 | kuàicāndiàn<br>快餐店 | jiànshēnfáng<br>健身房 | lǐpǐndiàn<br>礼品店 | cíqìdiàn<br>瓷器店 | miǎnshuìdiàn<br>免税店 |
| lǚxíngshè<br>旅行社 | bǎihuògōngsī<br>百货公司 | | xīnhuáshūdiàn<br>新华书店 | | hángkōnggōngsī<br>航空公司 |

2. 第二套是问题卡片：

你家附近有什么公共设施？

你一般到哪里健身？

你去过歌剧院听歌剧吗？

你喜欢哪个快餐店？

你经常用的公共设施有哪些？

你经常去的公共场所是什么？

和文化有关的公共设施有什么？

如果你想知道银行的工作时间，你会怎么办？

如果你想知道什么东西可以带出境，你会怎么办？

如果你想订一张飞机票，你会怎么办？

如果你想在餐厅订一个位子，你会怎么办？

如果你想了解一个大学的情况，你会怎么办？

如果你住的房子没有水了，你会怎么办？

如果你想知道别的国家某个机构的电话号码，你会怎么办？

如果你想和你的朋友去看电影，但是不知道放映时间，你会怎么办？

如果你的宿舍着火了，你会怎么办？

如果你想买一本小说，你会怎么办？

五子棋

## 游戏过程

1. 把学生分成男、女两组。

2. 老师拿出事先准备好的纸，上面画好10×10个小格子，每个都编好号，从一到一百，同时把卡片也编好号码，如果卡片不够一百个，老师可以随机提出问题，比如：请用某个词语造一个句子。或者：某句子的英文意思是什么？

3. 女生组先选择她们想要的格子，老师就找出相应数字的卡片，向她们提问。如果答对了，她们就可以在选择好的格子里画出标记，然后让男生组选择格子，回答问题。如果答错了，男生组就可以在这个格子里面做记号，女生组继续再选另外一个格子，继续游戏。

4. 男生组选择格子后，回答问题，过程及规则同上。

5. 游戏继续，直到有一方胜出为止。

五子棋

## 注意事项

1. 可以让两个人按此方法比赛。

2. 格子可以根据情况向四周扩充。

3. 可以让每个组的学生轮流来回答问题。

4. 可以规定如果回答不出问题，可以有几次机会换问题。

心得随笔

# 九、多少个问题才可以猜中？

## 游戏背景

电视娱乐节目里有个游戏就是让人猜数字。从1到100中间选出一个数字，一个小组的人轮流猜这个数字，只能问："这个数字比X数字（他猜的数字）大还是小？"主持人只可以说大或者小，哪个组用最少的问题猜中数字就算赢。比如主持人选的数字是18，猜数字的人先问："这个数字比50大还是小？"主持人回答："小。"组内另外一个人继续问："这个数字比25大还是小？"主持人回答："小。"再换一个人继续问："这个数字比13大还是小？"主持人回答："大。"继续有人问："这个数字比16大还是小？"主持人回答："大。"继续猜，直到有人猜对18为止。计算用了多少个问题这个小组才猜中。把这个游戏用在中文教学中，可以用来让学生复习新学的生词或者练习一个固定的句型。

## 游戏准备

1. 蔬菜或者水果的实物或相关图片若干。
2. 卡片若干。

## 游戏过程

1. 老师先结合实物或图片告诉学生一些蔬菜或水果的中文名称。
2. 每个学生发一张卡片，让学生写下一种自己喜欢的水果或蔬菜的中文（含拼音）、英文名称。不用担心学生会选择重复的生词，这样会让游戏更有趣。当然，老师也要在游戏前做出一套卡片。如果有可能，也可以准备一些实物。

3. 老师向学生讲解游戏规则，要让学生通过问问题猜出卡片上写的是什么水果或蔬菜。问问题的句型是："是不是……""是……还是……"比如可以问："这个东西是不是水果？""这个东西是苹果还是梨？"……

4. 把学生分成几组，老师挑出一张卡片，让第一组的学生轮流用"是……还是……""是不是……"句型来问问题，老师根据卡片的内容回答。为了加深学生对生词的印象，可以要求学生用完整的句子回答，比如："这个东西是不是苹果？""这个东西不是苹果也不是梨。"等等。

5. 让学生一直问下去，直到猜中，记下问题个数。

6. 接着换一张卡片，让第二组猜，规则同上，记下问题个数。

7. 每个学生都猜过一次或所有卡片都猜完，结束游戏，看哪个组的问题个数最少就是赢家。

**注意事项**

1. 要注意控制时间。

2. 也要注意有没有学生作弊。

3. 如果想让游戏更有挑战性，可以要求学生猜出颜色。

**游戏变通**

1. 在教方位词的时候，老师可以把一个东西藏起来，让学生用学过的方位词问问题，比如："在不在房间里面？""在不在老师的手里？""在不在桌子的下面？""是在我的左边还是右边？" 问问题最少就找出物品的那个组就是赢家。

2. 还有很多变通的方法，你可以在玩儿的过程中和学生一起讨论。比如可以练习"比"字句型。

多少个问题才可以猜中？〉〉〉〉

心得随笔

# 十、二手市场寻宝

## 游戏背景

　　在所有中文教学内容中，买东西是最容易安排课堂活动的一个部分了。可是老师在安排这类活动的时候，往往只注重了内容，而忽略了活动的趣味性。其实，这里面是大有文章可做的。我们设计这个游戏的时候，借鉴了一个在英国非常流行的电视节目，叫"寻宝"。

　　在学习买东西这个单元的时候，学生除了要学会怎么用中文说出一些想买的东西，学会询问价钱，当然还要学会讨价还价。活动的逼真程度越高，学生的兴趣也越高。否则只让他们重复练习，他们可能会觉得没有意思。就让学生们在这个超级逼真的游戏里感受活动带给他们的乐趣吧。

## 游戏准备

1. 让学生自己制作卡片，一面写中文名称，另一面画上相关的图，并标出价钱。
2. 纸币若干，可以自己设计，也可以用真正的货币。

## 游戏过程

1. 让学生从家里带一些东西，比如旧的衣服、玩具、书本、照片等，在课堂上集中起来，让学生逐个学习怎么用中文说这些物品，同时老师可以顺带介绍相应的量词。等他们熟悉了以后，让每个人选一个或几个物品，写上价格标签。
2. 开始教学生用中文讨价还价。
3. 根据教学重点从收集的物品中选出几件不同的东西，当成是非常值钱的宝贝，不要告诉学生你具体选择了哪些，但是要让他们知道物品中有宝贝。

4. 把学生分成若干组，每组给相同数目的钱，要求他们在二十分钟内挑选相同数目的物品，用掉这些钱。他们可以向不同的组买东西。

5. 时间到了以后，每个组要在全班同学面前展示，并且要用中文说原来要价是多少，他们花多少钱买的等等。各组展示完毕后，老师公布所选的宝贝，宝贝数量最多的那个组获胜。

### 注意事项

1. 要教学生一些基本的讨价还价用语。
2. 一定要学生说普通话，学会买东西的几个环节。
3. 老师可以根据时间和情况，改变设定的宝贝。
4. 注意控制场面。
5. 老师要参与进去。

心得随笔

二手市场寻宝 〉〉〉

# 十一、看图说话比赛

## 游戏背景

　　我们发现，越来越多的考试都出现了看图说话的考试形式。作为老师，要帮助学生适应考试并在考试中取得满意的成绩，一定要在日常教学中加强这方面的训练。除了要教会他们"从图片上，我看见"和"我觉得"、"我猜想"等表达方式以外，还要想办法让孩子充满兴趣地去练习。这个游戏一定可以帮到你。其实很简单，就是引进了竞争，让学生在竞赛中"玩"成任务。

## 游戏准备

1. 准备至少五张有趣的、颜色鲜艳的图片。
2. 记分用的若干个表格，贴在黑板上。

## 游戏过程

1. 将学生分成几组，让每组自己取一个名字，然后将名字写在事先准备好的记分表格纸上，之后贴在黑板上。
2. 学生都准备好后，老师亮出第一张图片。要求每组第一个学生轮流用中文说出他们从图片上看到了什么。后面的学生不可以重复前面说过的东西。老师从中选出一个予以肯定。
3. 得到老师肯定的学生跑到黑板前面，在记分表里记上1分。
4. 每组的第二个学生继续游戏，规则同上。
5. 学生将图片内容说完后，老师换另一张图片，继续游戏。

6. 游戏结束时，得分最高的那个组获胜，得到奖励。

## 注意事项

1. 要求学生使用教过的"在图片里，我看见"等句式说出自己的答案，同时可以规定每个学生所说的句子个数。

2. 可以鼓励同组的学生互相帮助，但是一定得当事人说出句子才算数。

3. 选择的图片一定要适合学生水平，最好是色彩缤纷的。

心得随笔

# 第六部分

## 不信你不听

# 一、各就各位

## 游戏介绍

　　如何准确地找到对话中的重点，是提高学生对话能力的关键，尤其是对处于学习瓶颈状态的学生而言。所谓瓶颈状态，就是掌握了一定词汇量却羞于开口。其实这些学生可能并不是羞于开口，而是没有找到开口的诀窍。其原因无外乎两点：一是对成句的概念还不清楚，积累的经典句型还不够。二是没有抓住对方说话的重点，一时间很难找到合适的词语来进行组织。

　　由此看来，如何抓住对方话语中的关键词是进行对话练习的关键环节。这个游戏就是针对这些处于瓶颈时期的学生设计的，希望他们注意聆听对方的话语并从中找出重点，采用最高效的方法进行练习。我们不妨试试看……

## 游戏准备

　　1. 带有角色性的短文。
　　2. 将学生分成若干小组。

## 游戏过程

　　1. 教师读一段对话、课文或自己编的短文。
　　2. 让几个学生扮演对话、课文、短文中的角色（或人或物、甚至是生词）。
　　3. 教师先把整段文章念一遍或讲一遍，学生熟悉自己的角色。
　　4. 教师在讲述第二遍的时候，每提到一个人或物，扮演该角色的学生就得马上站起来。比如教师说："星期六下午，学生们正在打扫教室，老师（这时候（'老师'站起来）跟他们在一起。看，王海（'王海'站起来）正在擦玻璃。"

## 注意事项

1. 第一遍朗读的时候，要提醒学生注意听，以便明确角色。
2. 短文里角色的数量要视学生的汉语水平和学生的人数而定。
3. 如果学生数量超过20个，则最好采取分组比赛的形式进行游戏。
4. 引入竞争机制，用比赛的方式效果更好。

## 游戏变通

1. 可编排其他内容，如在动物园或在公园。
2. 最简单的方法是：老师把需要学生掌握的关键词分配给学生，老师读到哪个词语的时候，相应的学生要在规定的反应时间内站起来。

## 心得随笔

# 二、班级调查

班级调查

## 游戏介绍

这是一个非常好的训练学生听力的游戏。

通过一问一答，训练学生的听力，也练习了写字；通过传递卡片，增进同学之间的了解，也锻炼了学生的记忆能力；然后再通过问答强化记忆。这种比赛的方式，既能活跃课堂气氛，又能让学生在紧张中有挑战，在挑战中有所得。

## 游戏准备

1. 空白卡片若干。
2. 事先准备相关的问题若干。

## 游戏过程

1. 老师给学生发一张卡片，让学生根据老师的问题，用完整的句子在卡片上写下自己的答案。

2. 第一个问题是："你每天早上几点起床？" 第二个问题是："你经常什么时间吃早饭？" 依次问下去，直到学生把他们的日常起居从起床到睡觉都写好了，或者达到了你的要求。之后让学生在卡片上写下自己的名字。

3. 让学生坐成一个圈，准备开始游戏。

4. 让学生把写好的卡片传给自己右边的人，右边的人要在一分钟之内读完传到自己手上的卡片，记住尽量多的信息。一分钟后，继续把卡片传给右边的人，直到学生拿到自己的卡片后停止，把卡片交给老师，游戏正式开始。

5. 学生在纸上画出10个格子，用来填写同学的名字。老师从卡片中抽出一张开始问："班上谁早上从来不吃早饭？"抽出另外一张继续问："班上谁早上八点零五分左右去上学？"再抽出一张卡片问："班上谁平时晚上九点就睡觉？"以此类推，问完10个问题以后，告诉学生每个卡片上的人名。

6. 答对最多的那个学生就是赢家。

## 注意事项

1. 要提前教会学生相应的生词和句型。

2. 根据教学目的，可以让学生在写出相应信息以后，在班上交流一下。

3. 如果希望在写的方面也有所涉及，可以让学生把老师说的句子写下来。

4. 也可以由老师说一些比较长的句子，训练学生做笔记的能力。

5. 可以根据不同的话题，用"班上谁有……""班上谁是……""班上谁喜欢……"等不同的问题进行游戏。

6. 注意控制时间。

班级调查

# 三、猜猜我说的是谁?

## 游戏介绍

这个游戏可用于描述长相和衣服，目的是让学生练习听力。做这个活动的时候，可以借鉴 HANGMAN 游戏。

## 游戏准备

1. 相关话题的生词卡片。
2. 把学生分成三组。

## 游戏过程

1. 把学生分成甲乙丙三个组，告诉他们今天比赛的任务：在 10 分钟内，根据老师的描述猜出说的是谁。

2. 告诉学生你选的人是班上的一个人，之后开始描述。

3. 每句话描述一个特点，说得慢些，之后稍作停顿，给学生时间猜测。猜不对就继续说，直到猜中。例如：

   (1) "这个人是个男孩子。"如没有人猜，继续描述。

   (2) "他有一头黑色的头发。"丙组的学生猜是 Jack，没有猜对，继续描述。

   (3) "他有一双褐色的大眼睛。"乙组的猜是 Ben，没有猜对，继续描述。

   (4) "他的耳朵大大的，嘴巴小小的。"丙组猜的是 Jason，猜中了。丙组是在你说了四句话的时候猜中的，所以就得到 4 分，甲和乙组则得到 14 分。

4. 重新选一个学生，这次是个女生，继续描述。例如：

   (1) "她的脸圆圆的。"甲组猜一个，没有猜对，继续。

（2）"她的嘴巴小小的，鼻子也小小的。"丙组猜，没猜对，继续。

（3）"她个子不太高。"甲组再猜，还不对，继续。

（4）"她不胖也不瘦。"丙组猜，还是不对，继续。

（5）"她长得很漂亮。"丙组又猜，仍然不对，继续。

（6）"她的头发是金黄色的。"甲组猜，没有猜对，继续。

（7）"她戴一副眼镜。"乙组猜中，因为是在说了句子（7）的时候猜中的，所以乙组得到 7 分，其他两组得到 17 分，到了这一轮，甲组得到 31 分，乙组得到 21 分，丙组得到了 18 分。

5. 到规定的时间结束游戏，得分最少的那组获胜。

猜猜我说的是谁？

**注意事项**

1. 先从学生熟悉的人开始，比如你自己。

2. 开始的时候给的信息不要太多。

3. 从简单但是比较有特色的描述开始。

4. 为了保证公平，可以让每个组轮流来猜。为了发动每个学生，可以要求每个组的每个人轮流来猜。

5. 一定要注意控制时间。

6. 如果不想学生瞎猜，就可以规定学生猜错了要扣1分。

*心得随笔*

# 四、告诉你的同伴

## 游戏介绍

这个游戏英文叫 Chinese whisper。游戏非常简单，但是很受低年级学生喜欢。一个人先听一句话，之后把听到的内容小声地告诉另外一个人，另一个人再往下传，直到最后。可以想象，传到了最后，原来的句子可能就面目全非了，不论结果如何，孩子们都很高兴。在这个游戏的基础上，可以自己创造很多类似的小游戏。

## 游戏准备

1. 词语或者句子的卡片若干。
2. 将学生分成两组。

## 游戏过程

1. 将学生分成男女两组。如果人数不相同，可以让多余的人到另外一组，使每组人数尽量相同。

2. 开始游戏。为了让学生练习认字能力，老师可以不用说，只是拿出提前准备好的卡片，让每个组的第一个学生过来看一下，然后跑回去小声告诉下一个伙伴，不可以让别人听到。

3. 下一个人再分别往下传，最后听到话的两个同学把听到的词或句子写出来。最先开始游戏的两个同学坐到队末。

4. 老师进行评判，写对一个字得1分。

5. 老师拿出第二张卡片，让每组的第一个学生过来，让他们自己看卡片或者说出卡片内容给他们听（根据教学目的）。然后他们跑回去，小声告诉下一个人。规则同上，一直传递，由最后的学生写出听到的句子。

6. 老师进行评判，打分。最先听到或看到句子的人要坐到最后去。

7. 老师再拿一张卡片继续游戏，直到每个人都当过第一个听到或看到句子的人。老师核对分数，选出最后的胜利者。

**告诉你的同伴**

### 🍓 注意事项

1. 有的学生会故意把句子传错，如果发现故意传错的人，应该有所惩罚，比如停止游戏一轮。

2. 即使没有听清楚，跟下一个人说的时候，也不允许返回来再问上一个同学。

3. 可以先从词语说起，慢慢地把句子说长一点。

4. 最好引进竞争，比如男孩一组，女孩一组，你同时告诉他们两个人，然后他们回去告诉同伴，速度最快、句子最准确的那组就是赢者。

**游戏变通**

可以用在写句子上。老师先写一个句子，给第一个学生看不超过30秒，然后让这个学生写出句子。学生把写好的句子传给下一个学生，同样只允许看30秒，然后写出看到的句子并继续传递句子。最后的一个学生把句子写出来，跟老师原来的句子进行比较。

心得随笔

告诉你的同伴

# 五、你说我画

## 游戏介绍

这个游戏也是让学生练习听力。游戏的灵感来源于画鼻子、点眼睛。

在画鼻子、点眼睛（见 p46）的游戏里，老师是引导学生画画的主导。大部分的时间是老师在说，而学生只是动笔。但是在这个游戏里，我们稍作变化，让一个学生来说，另一个学生来画。这样，更能充分调动学生的积极性，让学生沉浸在游戏的海洋里，自得其乐。

## 游戏准备

1. 彩色画笔一大把。
2. 画纸若干张，要保证每人一张。

## 游戏过程

1. 全班学生每个人发一张纸，再发一些彩色笔供大家使用。
2. 老师讲解游戏规则：老师说三次指令，学生要按照指令去画。
3. 老师说："先画一双大大的眼睛，是棕色的。"

"再画一个小小的鼻子。"

"大大的嘴巴。"

"它是一只可爱的小狗。"

"它有卷毛，很长很长的毛。"

"小狗身上的毛有的是黑色的，有的是白色的，黑的多，白的少。是圆点。"

"它的耳朵特别长。"

"它的尾巴很短。"

"它正在喝水（或吃东西）。"

4. 画完后给学生几分钟时间进行修改、涂色等。

5. 让学生把自己的画儿贴在教室，看看谁画得最好、最准确。可以评选出几个获奖者。

6. 让学生按着自己画的小狗，写一小段文字描述一下，把画儿和写的文字贴在自己的本子上。

**注意事项**

1. 可以给学生词语，让学生自己造句，画出来。

2. 可以规定指令不可以重复超过 3 次。

3. 可以规定画画儿的人只能问一次问题，总之，要根据学生的情况和教学内容调整规则。

4. 可以让学生轮流画，也可以指定一个画画儿好的学生负责。

心得随笔

# 六、人卡排队

## 游戏介绍

这个游戏和列队比赛相似，更侧重学生的听力练习。

给每个学生发一张卡片，要求他们根据老师的提问进行句子的组合。这个游戏可以帮助学生了解句子的结构，增强语法的学习。另一方面学生只有在听懂了老师的问题以后，才能够进行游戏，这样就要求学生要提高听力水平。

我们以《北京的天气》为题，准备了这个游戏。

## 游戏准备

1. 教学内容准备：

北京的天气

北京在中国的北方，是中国的首都。北京一年有四个季节：春天、夏天、秋天和冬天。每年的三月到五月是春天。北京的春天晴天多，阴天少，不常下雨，但是经常刮风，有的时候风非常大。

2. 准备几套卡片：

(1) 第一套（简单的）：

① 北京　在　中国的　北方　是　中国的　首都

② 北京　一年　有　四个　季节　春天　夏天　秋天　和　冬天

③ 每年　的　三月　到　五月　是　春天

④ 北京　的　春天　晴天　多　阴天　少　不常　下雨

⑤ 但是　经常　刮风　有的　时候　风　非常　大

(2) 第二套（稍微复杂的）：

① 北京在　中国的　北方　是中国的　首都　北京一年有四个季节　春天、夏天、秋天和冬天

② 每年的　　三月到五月　　是春天　　北京的春天　　晴天多　　阴天少
不常下雨　　但是经常刮风　　有的时候　　风非常大

（3）第三套（句子）：

① 北京在中国的北方，是中国的首都。

② 北京一年有四个季节：春天、夏天、秋天和冬天。

③ 每年的三月到五月是春天。

④ 北京的春天晴天多，阴天少，不常下雨，但是经常刮风，有的时候
风非常大。

## 游戏过程

1. 先把学生分成7人一组，用第一套卡片中的第一组进行游戏。

2. 把卡片发给他们，让他们站成一个圈，给他们 1 到 2 分钟的时间进行排序。

3. 排好了以后，让学生读出自己卡片上的内容。如果顺序错了或者读错了就
被淘汰，不能进入下一轮游戏。

4. 用第一套的第二组，让另外一组的学生进行游戏，可以让学生自己决定哪
个人拿两张卡，以增加难度和趣味性，规则同上。

5. 根据情况，等全部的组别都完成了以后，就开始进行第二轮的游戏。被淘
汰的学生可以在旁边观看，或者拿用过的卡片继续游戏。

6. 用第二套进行第二轮游戏，要求学生在1分钟内排好序，规则同上。所有
的组都完成后开始最后一轮。没有被淘汰的学生参加游戏，排队读完句子
后，没有被淘汰的学生就是胜利者，得到奖励。

7. 让胜利者去把整理好的段落抄在本子上，让以前被淘汰的学生重新进行游戏。

8. 被淘汰的学生在游戏的时候可以让那些胜利者帮忙，直到规定时间结束
为止。

9. 让被淘汰的学生把段落抄下来，进行翻译等练习。

## 注意事项

1. 可以分组进行比赛，规定计分方法，分出胜负。

2. 可以让学生准备句子。

3. 总会有学生不知道自己卡片上的字，老师可以小声提醒一次。

4. 可以让学生读出前面一个人的卡片，这样一来可以多练习认字。

5. 被淘汰的学生可以用以前的词语或句子继续在旁边游戏。

6. 被惩罚的学生要抄下自己句子，胜利的人就可以不抄。

心得随笔

人卡排队

# 七、西蒙说

## 游戏介绍

　　这是很多教英文的老师常用的游戏，让孩子根据听到的指令进行动作表演，很适合小孩子。在教一些句式或语法点时，我们经常会让学生造一些句子，之后念出来。虽然很多时候学生都会按照要求去做，但是时间长了，他们往往会精力不集中。这个时候就可以用这个游戏。

## 游戏准备

　　卡片若干，上面写有用"一边……一边……"造的句子。也可以让学生写。

## 游戏过程

1. 让学生用"一边……一边……"造个句子，写在卡片上。

2. 让学生围成一个大圈，老师先讲游戏规则：先找一个学生当西蒙，站在圈内说出或读出卡片上的句子。他可以选择要不要在句子前加"西蒙说"。如果加了"西蒙说"，所有的学生要一起做卡片上的动作；如果没有加"西蒙说"，所有的学生都不动。做错的站在圈内当西蒙，原来的西蒙站在做错的人的位置。游戏时间是5分钟，最后一个西蒙要受惩罚，一边唱中文歌一边跳舞。

3. 随机找个学生当第一个西蒙。他的句子是："我一边吃饭一边唱歌。"他要站在圈内大声地说他的句子。

4. 如果他说："西蒙说我一边吃饭一边唱歌。"那么所有的学生都要做出一边吃饭一边唱歌的动作。

43

5. 老师做裁判，谁做的动作不对或者是最后一个做动作的，谁就是下一个西蒙。

6. 如果这个西蒙只是说："我一边吃饭一边唱歌。"那么所有的学生都不能动。谁做了动作，谁就是下一个西蒙；如果有几个人做了动作，那么最后做动作的那个人就是下一个西蒙。

7. 新的西蒙说出他的句子，游戏继续，直到规定的时间结束。

8. 最后一个西蒙要受到惩罚：他得一边唱中文歌一边跳舞。

西
蒙
说

  注意事项

1. 先要定好游戏时间。

2. 老师的判断一定要及时、准确。

## 游戏变通

1. 可以让每个学生选一个新学的生词,西蒙可以说:"××(生词)请站起来。"
   如果选了那个生词的学生没有在3秒内站起来就算输。
2. 也可以通过"西蒙说"这个游戏,让学生听写词语和句子。

心得随笔

西
蒙
说

# 八、画鼻子、点眼睛

### 游戏介绍

这是我们小的时候开联欢会时常玩儿的游戏。游戏很简单，一个人蒙上眼睛，按另一个人的指示画五官。

学生在游戏中可以练习方位词，比如"左"、"上"等，同时还可以加深对身体部位词的印象。

## 游戏准备

1. 眼罩。
2. 彩笔。
3. 卡片若干，上面分别写"眼睛"、"鼻子"、"嘴"、"眉毛"、"耳朵"。

## 游戏过程

1. 把学生分成若干组。
2. 在白板上画出一个人脸。
3. 让每组派一个学生上白板前画五官的一个部位。画画儿的学生要走到白板前，用眼罩蒙上眼睛，然后转两圈。再派另一个学生抽一张卡片，确定画哪个部位之后用中文给画画儿的同学一些指示，1分钟内完成。只能用中文，否则就算失败，派另两位同学画下一个部位。
4. 画好后，回到组里，把眼罩传给另外一个学生，游戏继续，规则同上。
5. 眼睛、鼻子、嘴、眉毛、耳朵都画好后，让一个同学去画头发。
6. 画完以后，评选出最好的，得到5分，其余依次得3分、2分、1分。

7. 开始新一轮游戏，直到规定时间结束为止。最后得分最高的组获胜。

画鼻子、点眼睛 ∨∨∨

 **游戏变通**

1. 可以画人体整个部分，包括腿、脚等。

2. 如果时间允许，也可以一个人去画整个脸，然后轮流让下一个学生画另外一张脸。

3. 也可以用于画房间平面图，比如卧室、客厅、厕所等。

# 九、边听边画

边听边画

## 游戏介绍

千万别小视小孩子的绘画能力，没准儿未来的达·芬奇就坐在你的面前，笔者就经常为很多小孩子的绘画作品所折服。很多孩子都是好动的，一直听课的话，有时他们会觉得烦躁不安，可是如果你要他们用绘画的方式把所学的内容展示出来，往往会有意想不到的收获。

## 游戏准备

1. 一些合影照片。
2. 笔和纸。

## 游戏过程

1. 四人一组，将学生分为若干小组，同组的四个人围坐一桌。

2. 老师讲解游戏规则：每小组自行分配任务：两个人负责提问题，一个人负责看照片回答问题（必须保证小组中其他人没有看过这张照片），剩下的一个人一边听一边画出所听到的内容。游戏时间是两分钟（可根据学生水平调整）。

3. 老师宣布游戏开始。各小组的学生在规定时间内对手持照片的同学快速提问，负责画画儿的学生根据答案画出照片内容。学生的提问内容可以是："照片中有几个人？""他们是谁？""她戴眼镜吗？""她的头发长吗？""她高吗？""她在做什么？"……

4. 规定时间到，停止提问和画画儿。各小组将照片和画儿交给老师，老师予以展示，画得与照片内容最贴近的小组为胜。

5. 一轮游戏结束后，老师将照片还给各小组拿照片的同学，拿照片的同学对换小组。例如：第一组拿照片的学生去第五组，而第五组拿照片的学生去第一组。继续游戏。

## 注意事项

1. 一轮游戏结束后，也可以让各小组重新分配任务，继续游戏。
2. 用彩笔画出的效果更佳。
3. 绘画后的成果老师可以保留，作为以后的教学资料。

## 游戏变通

教师也可以根据授课内容来确定照片内容，不一定是人物照片，也可以是风景照片等。

边听边画

心得随笔

# 十、有粘性的胳膊

## 游戏介绍

　　每每让学生在学习句型的时候，我们都会碰到这样难堪的局面：老师在黑板前大声地讲解，下面的学生却显得无精打采。其实这是我们常见的问题，说明学生早就已经适应了老师的教学方式了，时间一长，自然而然地就产生了疲惫的心理。这个时候，当老师的就应该想想办法，来改变这种被动的局面了。

　　游戏本来就是为了解决这样的问题的。这时候，你只需打开我们这本"宝典"，就一定可以找到合适的游戏。这个游戏，就是为了打破这种尴尬的局面而精心打造的。

## 游戏准备

1. 将课堂所学的句型做成卡片。
2. 划定安全区。

## 游戏过程

1. 游戏开始前，老师先指定一个关键句和一块安全区。
2. 游戏开始后，所有参加游戏的同学都抓住老师的胳膊，仔细听老师说的每一句话。
3. 如果老师说的是刚才说的关键句，大家就松开手尽快跑到安全区，并且躲避老师的追捕。
4. 如果老师说的不是关键句，而是另外类似的句子，这时，松开手的同学就失去继续做游戏的资格。

5. 重复做游戏，看谁的反应最快，错误最少。

有粘性的胳膊

### 🍓 注意事项

1. 老师说句子时，应将每轮的关键句在学生容易出错的部分作改动，让学生熟悉正确的搭配。

2. 控制语速，在语句的关键部分，可以故意拖长声音，增加游戏的趣味性。

3. 如果学生太多，可以分组进行游戏，以保证安全和活动效果。

心得随笔

有粘性的胳膊

# 第七部分

## 不得不说的必杀技

# 一、天翻地覆

## 游戏介绍

　　这是我在一个研讨会上从非常有经验的王淑怡老师那里学来的。主要目的还是让学生动起来，换个方式进行学习，而且是互相学习。这个游戏活动可以用在很多教学环节，刚开始的时候需要老师和学生一起探索，而到后面，随着游戏的进行，教学会变得越来越顺利。

　　可以想象，看着全班同学热热闹闹地做着你让他们做的事情，是多么令人惬意啊！

## 游戏准备

1. 空白纸若干张。
2. 笔。

## 游戏过程

1. 发给学生一张白纸，让学生在纸上竖着标出1、2、3、4、5、6、7、8、9、10。

2. 让学生根据你的要求完成相应的任务，写在序号1、2、3后。

3. 全部完成后，要他们跟其他同学交流，把别人的1、2、3部分中自己没有的快速记录在4、5、6上。

4. 写完后，继续找别的同学，把1、2、3、4、5、6上没有的新东西快速记载在7、8、9上。

5. 做好后，继续找人交流，把新的发现记在10上。

6. 最先写完10的，就是赢家。

## 注意事项

1. 数字可以根据情况改变，每次可以选的数目也可以改变。

2. 一定要保证质量，不只是速度。

3. 可以让提供新东西的学生签名，以供查验。

心得随笔

# 二、随心所欲写中文

## 游戏介绍

看到下面这段文字，请不要大惊小怪。作为外国孩子，能够写出汉字就是很了不起的进步了。

A long time ago there was a 大怪
It had a 大　mouth and a 小　nose.
His 眼睛　　were 红色的
一　day it 看我。
我　was scared.

这个游戏的目的就是让孩子在没有压力的情况下，尽量写出汉字。

## 游戏准备

1. 作业本。
2. 准备若干主题。

## 游戏过程

1. 设定一个时间，让学生在规定时间内完成任务。

2. 给定一个题目让学生写作，或者给一个句子让学生续写。

3. 要求学生不许问问题，不许说话，不许停笔，不会的字可以用拼音或者母语代替。

4. 到规定的时间停笔，写最多的或者中文字最多的（根据学生情况定标准）就是胜者。

**注意事项**

1. 写作中要求学生不许说话，不许互相问问题。

2. 开始写作后，老师不要说话，让学生全力写。

3. 可以让学生做记录，看看自己的进步。

心得随笔

# 三、找朋友比赛

## 游戏介绍

"找呀找呀找朋友，找到一个好朋友，敬个礼，握握手……"这是我们耳熟能详的儿童歌曲。找朋友是孩子们愿意做的事，我们可以把"找朋友"引入课堂。拆字组词和找出正确搭配是汉语老师经常带领学生做的练习。如果用"找朋友"的方式包装一下，就可以让学生在娱乐中轻松学习并复习相关知识，我们何乐而不为？

利用这个游戏可以复习学过的生词，并能扩大学生的词汇量，还可以练习汉语常用搭配。

## 游戏准备

把一些词语拆成单字，做成卡片。

## 游戏过程

1. 给每个学生发一张纸，写上自己的名字。

2. 老师讲解游戏规则，规定游戏时间是每轮1分钟，总的游戏时间是4分钟。

3. 游戏开始。第一轮让每个学生上来抽取一张卡片，之后开始计时，让学生自己去找不同的同学，要用中文问："你的卡片上是什么字？"另一个人也要用中文答。如果他们觉得两个人的卡片上的字可以组成一个词，就把这个词写在纸上。

4. 一分钟后，把卡片交还给老师，老师再随机地给每个学生一张卡片，如果有人拿到了和第一轮同样的卡片，可以跟老师换一张。之后继续游戏，规则同上，直到规定的时间结束。

5. 给学生两分钟时间，通过查字典或课本，写出自己纸上生词的英文意思。

6. 交换纸张，之后让学生轮流把纸上的词语写在白板上，每个人一次只允许写一个，不可以重复白板上已经有的。

7. 老师讲解白板上每个词的意思，看看哪些词是不存在或不能成词的。学生可能组成很多的新词，比如：工人、老家、主人等；也可能有些是词但是有错字，比如：家工、老工等，老师可以介绍正确的写法和意思；还有一些是根本不成词的东西，比如：老主、老庭等，老师就把它们从白板上擦掉。

8. 学生开始评分，写对一个词得2分，写错字得1分，不成词不得分，统计一下写出最后得分。

9. 老师从中选出得分最高的，即胜利者，予以奖励。

找朋友比赛

**注意事项**

1. 本游戏可以一轮一轮地玩儿，也就是说每次只发给学生一张卡片，给他们一定的时间，让他们互相去找朋友，这样容易控制场面，效果也更好。

2. 在学习新词的时候，可以在一张卡片上写中文生词，在另外一张卡片上写出英文意思，让学生互相配对。

3. 也可以一张卡片上写出一个句子的一部分，另外一张卡片上写出其他部分，让学生去配对，当然不一定非得两个人组成一个句子。

4. 为了增加偶然性和趣味性，可以让学生轮流站起来只能找一个人，看看卡片是不是配对。比如汤姆拿着卡片，站起来说："我想找马丽。"马丽就抽出一张卡片，如果能够组成一个词语，两个人都可以把这个词写在纸上。

5. 查字典和课本的环节，可以随时查，也可以在完成配对以后给学生一定时间集中查。

6. 最好要学生交换纸张，以免有人作弊。阅读别人的东西也是一个学习的过程。

找朋友比赛

心得随笔

# 四、我的小中文书

---

**游戏介绍**

　　手工是孩子们最喜欢的活动之一。他们喜欢亲手制作自己想要的东西，再加上一些自己的创意设计。正是受到了这个启发，我设计了下面这个小游戏。

　　其实叫游戏不太准确，它更像是一个活动。学生自己做一本小中文书，不但可以在制作过程中练习写汉字，而且通过阅读别的同学的小书还可以提高阅读能力。把完成的作品积累起来，在不同的班级之间交换阅读，在当今适合外国孩子阅读的图书不太多的情况下，也是一个非常好的方法。虽然笔者受到这个活动的启发，也曾写过一系列中文小故事书，但是同学之间阅读学生自己创作的书，感觉绝对是不一样的。更美妙的是，让学生和他们的家长一起读他们制作的书，家长的反映也非常好。

---

## 游戏准备

1. 剪刀。
2. A4打印纸若干张。

## 游戏过程

1. 先教学生怎么用一张A4打印纸制作出一本小书，不需要胶水也不需要订书机。

　　小书的叠法

　　（1）把一张打印纸对折。

---

（2）然后长方形再对折。提醒学生要折齐，否则成品会很难看。

（3）然后长方形再对折，已经看到小书的雏形了。

（4）打开折叠好的纸，应该看到有八个小部分，再把纸折到 A4 一半，手拿着对折线那边，用剪刀从中间部分剪上去，到纸的中心点就停止。

（5）把纸打开，横放，上下对折，得到一个细长的形状，手拿起两边向中间挤压，中间可以看到一个正方形空洞。

（6）继续挤压，将纸自然叠起。

（7）用力把折叠线压平，小书就做成了。

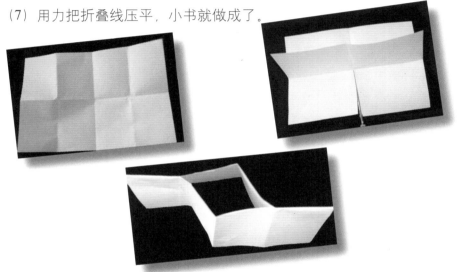

2. 告诉学生要他们写的小中文书的题目。通常可以在教完一个话题以后做这个活动。虽然有的时候，我也只是让他们写生词而已。

3. 以做好的小中文书为例，告诉他们具体的要求：比如写一个小故事，或根据学的生词写一些句子等等。

4. 开始做书。

5. 做完以后评选出最佳的一本，给予奖励。

## 注意事项

1. 虽然图画和色彩也非常重要，但一定要学生把精力放在写字上。
2. 鼓励有能力的学生多写少画，因为这个活动的主要目的是让学生练习写作。
3. 汉语水平高的学生，可以自己编写故事。
4. 可以适用于任何的话题和不同汉语水平的学生。

## 参考题目

1. 我怎么上学。
2. 我帮妈妈做家务。

# 五、自己设计

## 游戏介绍

    每个人都有DIY的冲动，根据自己的想象和创意，拿出一个很漂亮的作品，是一件让人很得意的事。我们也可以让学生当一当小设计师，自己来设计东西，创作作品。

    这个游戏的目的就是让学生发挥想象力，在游戏和活动中不知不觉地完成你想让他们做的事情。可以用在很多的话题上面，比如理想的学校、家、校服、教室、旅游、城市等。学完了一个话题之后做这个游戏效果更好。

## 游戏准备

1. 画纸。
2. 画笔。

## 游戏过程

1. 学习完一个单元或一个话题后，先带学生复习，之后提出一些问题跟学生讨论，比如学校哪些地方比较好，哪些地方需要改进等等。学生有了一些思路后，老师提出问题：设计你觉得最理想的××。

2. 明确要求，让学生发挥想象，或用文字描述，或图文结合设计一个自己觉得很理想的××。如果有可能，向学生展示最后要提交的成品是什么样的。

3. 给出时间让学生准备。

4. 老师帮助学生，予以必要的指导，并做监督。

5. 每个人向全班同学展示自己的设计，并说明为什么这样设计。

6. 其他同学提问，展示作品的学生回答。

7. 就学生的设计进行点评，打分。

8. 最后评选出最佳的一个或几个设计。

## 注意事项

1. 这个活动通常要跟别的活动联系起来，比如先让学生设计并写出来，之后可以用演讲的方式进行展示，甚至可以作为一个单元的口语考试。

2. 鼓励学生探讨为什么这样设计，说出自己的理由、想法。

3. 学生在设计的时候经常会问一些问题，特别是某某词怎么写或怎么用中文说等等，老师要尽量回答。发现共性的问题要及时向全班同学讲解。

4. 也可以让学生分组完成设计，如果是分组，要注意让每个人都参与进来。

# 六、编故事比赛

## 游戏介绍

很多人都喜欢听别人讲故事，小孩子尤其如此。如果有精彩的故事，那一定能够把他们的注意力吸引住。

这个游戏就是利用这一点，让学生来自己编故事，然后讲给别人听，看能不能编得生动有趣，讲得娓娓动听。这样既锻炼了学生的写作能力，也锻炼了他们汉语口语的表达能力，可谓一举两得。

这个游戏操作起来也非常简单，就是让学生去写，写几个句子或一个段落。

## 游戏准备

1. 纸。
2. 计时器。
3. 四种不同颜色的笔。

## 游戏过程

玩法一：

1. 将学生分成四组，每组发一张提前准备好的大纸，放在四张桌子上面。老师在每张纸上写一个句子作为故事的开始。

2. 每组都选一个人在纸上写一句话，然后同组的另外一个学生根据前面的句子再写一个句子。

3. 依此类推，最先写完的组可以得到5分，第二写完的得到3分，依次得到2分和1分。

4. 老师根据故事情节、错误的多少、书写的工整程度等综合评分。评出名次，依次得到7分、5分、3分、1分。

5. 把速度和质量分数相加，分数最高的那个组赢得比赛，予以奖励。

玩法二：

1. 把学生分成四组，每组发一张大纸，放在四张桌子上，把桌子分放在教室的四个角落。给学生讲游戏规则：每个人不仅要在自己组的纸上写句子，而且要在其他组的纸上面写。每个人要在2分钟内完成一个句子，之后，按顺时针方向轮换到另外一个组的位置，继续写。如果超过时间，扣掉1分。

2. 让每组先选出一个人，坐在自己组的纸张前面，挑选一种颜色的笔，听老师讲一句话，然后写在纸上作为故事的开头。例如老师讲的句子是："我和我的家人都非常喜欢旅游，今年暑假，我们准备去北京旅游。可是……"

3. 四组第一个学生都写完后，每组的第二个学生顺时针换到另外一个组，接着写下一个句子。时间限制是2分钟。

4. 先写完的组的另外一个学生顺时针转移到下一个组，可以开始看别的组的纸上的句子，等那个学生写完后可以立即开始写作。时间限制还是2分钟。

5. 游戏继续。随着句子越来越多，老师给的时间可以延长点，比如3分钟。

6. 最后一个学生写完了以后，老师记录下完成的次序，给每组相应的分数：7分、5分、3分、1分。

7. 全部完成以后，让每个组的同学阅读自己组的纸上的文字，并找出其中的错误，包括错字、语法错误和情节错误。错误发生在哪个组，哪个组就要被扣掉1分。

8. 老师阅读四个故事，和学生进行讨论，然后评选出名次，给与相应的分数：7分、5分、3分、1分。

9. 最后计算总分，总分最高的就是胜利者。

**注意事项**

1. 在编组的时候，一定要注意学生程度的搭配，至少保证每个组有一个汉语水平比较高的学生。
2. 要强调是小组的共同任务，每个人都要参与。
3. 要求学生字迹工整。
4. 如果要增加难度，可以要求学生把一些生词写进故事里。

编故事比赛

心得随笔

# 七、钓瓶比赛

## 游戏介绍

这是我们小时候趣味运动会上常玩儿的一个游戏。在地上摆一些小玻璃瓶子，在纸条上写各种各样的问题放进瓶子里。学生手里拿着鱼竿（其实就是一个小木棍或竹棍，上面绑着线，另一端系着一根小木棒），快速跑到瓶子前面，用鱼竿把瓶子钓起来，之后跑回起点，拿出问题，让同组的同学一起解答，回答对了，另外一个人再去钓另外一个瓶子。哪个队在规定时间里答对问题最多就是胜利者。

现在把这个游戏用在中文教学中，其目的也就是让学生动起来，利用比赛这个形式来回答问题。本游戏可以用在最后单元复习的时候，效果非常好。

## 游戏准备

1. 小纸条。
2. 啤酒瓶子。
3. 钓鱼竿或者小木棍（自制）。

## 游戏过程

1. 将事先准备好的问题写在小纸条上，放入啤酒瓶里面，排成几列放在十米以外；每个问题上面都有分数，根据难易程度，每个问题的分数尽量不同，因为这将是每个组得到的分数。

2. 将学生分成若干组，注意实力和性别的合理搭配。讲明游戏规则，规定好游戏时间，然后让每组选一个学生开始去钓瓶子，把钓回来的瓶子里的问题拿给下一个同学回答。

3. 拿到问题的学生要尽量回答，如果实在不会，要在2分钟后向同组的同学求救；学生回答后，老师要判断是否正确，只有回答正确才可以继续去钓瓶子。

4. 游戏继续，直到规定的时间到，或者瓶子全部被钓光。老师根据每组统计问题上写的分数，把本组答对问题的总分计算出来，得分最高的那个组就是胜利者。

钓瓶比赛

🫒 **注意事项**

1. 分组不要太多，除非有足够的帮手，因为老师既是组织者，又是裁判，还是记分员。

2. 学生只允许用一只手钓瓶子，这样他们就得想办法把小木棍放入瓶子里面。当然小木棍应该不能太短。

3. 游戏的具体操作规则可以根据情况进行更改。比如可以规定问题由谁来回答，可不可以跑步去钓瓶子，瓶子中途掉下怎么办等等。

4. 跟很多学生一样，也许开始你也不知道怎么样把瓶子钓起来。不要着急，这里告诉你一个方法（但是跟学生游戏的时候，一定要让他们自己想办法）：手握鱼竿，快速让绳子缠绕在鱼竿上，等到小棍紧贴鱼竿后，让小棍竖着插入瓶子，然后再朝反方向转动鱼竿，把鱼竿上的线放松下来，再提起瓶子。

心得随笔

钓瓶比赛

# 八、师生换位找错

师
生
换
位
找
错

## 游戏介绍

每当看到老师可以随意命令别人的时候学生总会羡慕不已。也许他们在想自己什么时候能当一回老师啊？这个游戏就是满足一下他们的愿望。

虽然这个游戏很简单，就是挑错，但是充分利用小孩子的心理，让他们来扮演老师，找出老师犯的错误（虽然有的错误是你故意犯的），却可以收到意想不到的学习效果，因为他们的积极性和主动性被调动起来了。本游戏可以用于说和写的方面，特别是声调。

## 游戏准备

老师提前准备好一些中文材料。

## 游戏过程

1. 老师选择一段需要学习或已经学过的中文，给学生一些时间进行学习，为当"老师"做好充分的准备。

2. 让学生拿着课本站在讲台上扮演老师，读一句话。老师坐在底下，重复台上"老师"读出的句子，故意把一些学生平时容易犯的错误加在某个句子里面，并适当地夸张。

3. 讲台上的"老师"要立即找出错误，并进行纠正。纠正对了得 1 分，纠正错了不得分。

4. 换另外一个学生接着读下面的一句话，游戏继续，规则同上。

5. 游戏继续，直到规定的时间，或者每个学生都已经把老师手中的材料读过一遍。得分最多的学生获胜。

师生换位找错

**注意事项**

1. 也可以将学生分组来做这个游戏。

2. 游戏的的形式可以换一下，也可以老师坐在底下，写出"老师"读的句子。老师一定要站在学生的角度，提前设计好可能犯的错误。比如学生经常在写"那"的时候，写成了"那"。

3. 如果你的学生太多，可以分组让他们上讲台当老师。

4. 老师一定要故意夸大错误。

**游戏变通**

可以换成男女对抗找错。还是老师当学生，学生扮演老师，但是男生组扮演老师的时候，女生组负责找错。

# 九、监　狱

游戏介绍

奖和罚同样都可以刺激学生，提高学习积极性，而且做游戏总是奖励没有惩罚也会显得过于单调。不妨来一点有一定紧张度的小游戏，既可以学习汉语，也可以让学生注意力集中起来。

这个游戏是我在实践中慢慢摸索出来的，目的是让学生在进行认字的同时提高听力。现在这个游戏成为了我们上课经常做的游戏之一，已经成为我和学生们的"我们的游戏"。

## 游戏准备

老师从教材或其他资料中找一段适合学生汉语水平的文字。

## 游戏过程

1. 学生围坐一圈，指定圈内或教室的某个角落是监狱。

2. 老师讲解游戏规则：老师给每人发一段文字，每个人要按顺序读出他应该读的部分，只有1秒钟（可根据情况调整）反应时间。如果超过规定时间还不知道自己应该读什么，就要被送进监狱；如果读错了，也要被送进监狱。例如：从教材里面找出来的一段文字：

高小明今年十五岁，上十一年级。在学校，他参加了很多的课外活动，篮球、排球、足球、羽毛球和乒乓球等。他打羽毛球打得很好，但是篮球打得最好，他每天放学以后都要打一个小时的篮球。

3. 开始游戏。第一轮要求每个人一次只读一个字，反应时间是3秒钟。学生就要依次读出：高、小、明、今、年……如果有学生不能在规定时间内反应，或者读错，就要带着书去监狱。

4. 第二轮要求每个人一次读出一个词。反应时间是 5 秒，因为他们要找出词需要点儿时间。学生要依次读出：高小明、今年、十五、岁、上、十一、年级、在、学校……如果有学生读错，或者没有在规定时间内反应，他就要去监狱，之前进监狱的那个人就可以获得自由，继续游戏。

5. 第三轮，每个人读到标点符号。反应时间是1秒，学生要依次读出：高小明今年十五岁、上十一年级、在学校、他参加了很多的课外活动、篮球、排球、足球、羽毛球和乒乓球等、他打羽毛球打得很好、但是篮球打得最好、他每天放学以后都要打一个小时的篮球。如果有学生读错，或者没有在规定时间内反应，他就要去监狱，之前进监狱的那个人就可以获得自由，继续游戏。如果段落的句子不够20句，学生可以从第一句开始。

6. 第四轮，学生可以在任何地方停止。也就是说，学生可以只读一个字，也可以读几句话，甚至读完整个段落。学生最喜欢这一轮，因为他们有机会让下一个人进入监狱。

7. 有一个人被送进监狱以后，游戏继续，可以是下一个人开始，也可以老师决定。如果又有人读错，就要被送进监狱，原来在监狱里面的人就可以出来了。

8. 游戏一直继续下去，最后一个在监狱里面的人要在全班同学面前一边唱中文歌一边跳舞。

## 注意事项

1. 这个游戏有很多的变通方法。可以先用最基本的进行演练，等你和学生都熟悉了，就可以随心所欲修改规则了。

2. 可以根据情况决定监狱里面的人数，也就是说即使有了新入监狱的，里面的也不一定可以出去。

3. 开始游戏的时候，反应时间可以相对长点儿。学生犯错误的次数也可以多点儿。

4. 要求学生声音一定要够大。

5. 注意控制在监狱里面的学生，让他们观看游戏，虽然他们不能参与。

6. 有的学生可能用手指或铅笔指着字，以免错犯错误，不要制止他们。

7. 你可以挑战学生，如果学生做得出色，没有人被关进监狱，那么你就是输家，给学生唱个歌。

监狱

心得随笔

# 十、HANGMAN

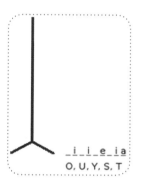 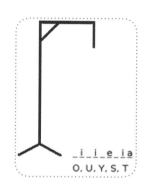 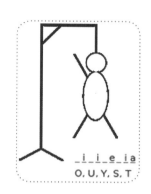

## 游戏介绍

这个游戏最早是用于英文词语练习的。有两个或两个以上的人就可以玩儿。一个人心里想一个生词,让对方猜出这个生词。这个生词有几个字母,出题的人就要在纸上画出几条线出题,对方在猜的时候,一次说出一个字母,如果猜中了,就要把字母写在线上,如果对方没有猜中,出题的人就在边上做记号。为了增加趣味,他可以采用画绞刑架和一个被吊起来的人,所以这个游戏就叫做HANGMAN。如果他已经画出了一个被绞死的人,而对方还没有猜出生词,或者对方把生词成功猜中,游戏就结束。

这个游戏同样可以用在中文教学中。汉语拼音由字母构成,也适用这个游戏。另外还可以用固定数量的笔画来代替字母。通过这个游戏可以检验学生掌握拼音和笔画的程度。

## 游戏准备

纸张和笔。

## 游戏过程

1. 老师想一个中文词，根据拼音中字母的个数，在白板上画出相等数量的横线。

2. 每个学生按次序说出一个拼音字母，如果说中了，老师就在相应的横线上写出这个字母。如果这个字母在多个地方出现，那么所有出现这个字母的地方都要写上。如果这个学生猜的拼音字母不对，老师就在旁边画一笔。

3. 游戏继续。如果老师画完绞刑架和一个被吊起来的人，老师就赢了；如果学生成功猜出中文词，那么学生就赢了。

HANGMAN

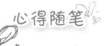

## 注意事项

1. 可以先用拼音来做这个游戏，等学生逐渐明白用汉字也可以玩儿这个游戏以后，就可以用汉字了。

2. 每次只能猜一个字母或一个字，保证每个学生都有机会猜。

3. 学生对这个游戏一般都非常熟悉，可以让一个学生上来出题目。

4. 这个游戏可以老师和学生一起做，这样学生的参与度更高。

5. 为了增大难度，还可以写小短句。

## 心得随笔

# 十一、BINGO

## 游戏介绍

　　BINGO 是西方人，特别是老人和孩子喜欢玩儿的一种数字游戏。通常是在画好的空格里填上不同的数字，主持人大声地说出数字，如果你的表中有这个数字，你就在这个数字所在的格子里做一个记号(打勾、画线或者涂色)，如果你的格子横向一排都做了记号，你就可以大喊："BINGO!" 当然，如果你的格子竖向一排或者对角线一排都做了记号，你也可以大喊："BINGO!"通常情况下，如果有人"BINGO"以后，就要重新开始新的一轮游戏了。

　　BINGO的最大特点在于游戏的互动性。将这个游戏运用到汉语教学之中，既能发挥老师的主观能动性，适时地掌握教学的节奏，又能提高学生的学习兴趣。在与老师玩儿游戏的过程当中，学生能在不知不觉中提高听说和写字、认字的能力。BINGO可用于拼音听力、词语书写、造句和对话练习等。

横向 BINGO

纵向 BINGO

对角 BINGO

对角 BINGO

全部 BINGO

BINGO

## 玩法一（听力练习）

### 游戏背景

在学习完生词以后，如果你想让学生再抄写几遍，学生一定会觉得很不愿意。这个时候，你可以跟学生一起玩儿这个游戏。

### 游戏过程

1. 让学生拿出练习本，在一张空白张上画上4×4的格子，提醒学生格子的空间要大一点，因为他们需要在每个格子中写至少两个汉字。

2. 让学生从生词表中挑选出自己喜欢的16个生词，在每个格子里写一个生词。提醒学生，如果希望在玩儿游戏的时候不漏听，可以给生词标上拼音。

3. 游戏开始前先告诉学生这次BINGO的顺序，比如说这一轮是横向，下一轮是竖向，然后是对角线，最后是全部。

4. 等每个学生都写好了自己的BINGO表格以后，老师就可以开始游戏了。你可以随机地说生词表中的词语，说的时候要慢一些，每个词之间要有点儿停顿时间，让学生好做标记。

5. 一直说生词，直到有学生叫〝BINGO!〞后，去检查是否正确。如果正确，开始下一轮游戏。

6. 游戏继续，规则同上，直到有人把全部16个词都做了记号。

### 注意事项

1. 可以用中文说出生词，也可以只说英文意思。如果学生汉语水平比较高，可以用生词造一个句子,比如"我没有去过美国",显然学生会听到"美国"这个生词。

2. 也可以是老师把印好了生词的BINGO表格发给学生，此时的重点是练习认字能力，但是要注意每张表格的生词不一样。每个格子中的词语也要不同。

3. 对于汉语水平不高的学生，可以写拼音，也可以一半拼音一半汉字。

## 玩法二（词语书写练习）

### 游戏背景

（1）教学内容：足球、篮球、排球、乒乓球、冰球、网球、台球、高尔夫球、棒球。

（2）教学目的：① 通过师生之间的对话，让学生掌握每个生词的读音。

②通过看图片回答问题的方式，理解每个生词的含义。

③了解学生的体育爱好，增进师生之间的交流。

### 游戏准备

印有3×3（9格）的卡片若干，保证学生人手一张。

### 游戏过程

1. 老师先教会学生要掌握的生词，包括读音和意思。

2. 每个学生发一张印有3×3（9格）的卡片。

3. 老师提问，引导学生将所学的生词按照自己的爱好，依次填入相对应的空格里。

　　老　师：你最喜欢打什么球？

　　学　生：篮球。

　　老　师：好，把篮球放在第一格。还喜欢打什么球？

| 篮球 |  |  |
|---|---|---|
|  |  |  |
|  |  |  |

BINGO

学　生：网球。

老　师：好，把网球放在第二格。那你最不喜欢打什么球？

| 篮球 | 网球 |  |
|---|---|---|
|  |  |  |
|  |  |  |

学　生：台球。

老　师：好，把台球放在最后一格。

……

| 篮球 | 网球 |  |
|---|---|---|
|  |  |  |
|  |  | 台球 |

依此类推，引导学生将 9 个生词根据自己的意愿写在相对应的空格里。

| 篮球 | 网球 | 棒球 |
|---|---|---|
| 排球 | 乒乓球 | 高尔夫球 |
| 冰球 | 足球 | 台球 |

4. 所有的学生都填写好以后，老师依次展示图片。

老　师：这是什么？

同学A：这是篮球。

老　师：很好，请在篮球这一格做一个记号。那这又是什么？

| (篮球) | 网球 | 棒球 |
|---|---|---|
| 排球 | 乒乓球 | 高尔夫球 |
| 冰球 | 足球 | 台球 |

学生B：这是足球。

老　师：你喜欢踢足球吗？

学生B：很喜欢。

老　师：好，在足球的上面做一个记号。再请看第三张图片，谁能告诉我，这是什么球？

| (篮球) | 网球 | 棒球 |
|---|---|---|
| 排球 | 乒乓球 | 高尔夫球 |
| 冰球 | (足球) | 台球 |

学生C：这是棒球。

老　师：你知道哪个国家的人最喜欢看棒球吗？

学生C：美国人。

老　师：很好！请在棒球的这一格做一个记号。

| 篮球 | 网球 | 棒球 |
|---|---|---|
| 排球 | 乒乓球 | 高尔夫球 |
| 冰球 | 足球 | 台球 |

老师接着问：大家的3个记号都做好了吗？有没有横排BINGO的？

  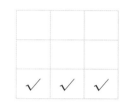

如果有学生喊 BINGO，老师在检查以后，则可以给予适当的鼓励或奖励。

5. 在横排 BINGO 以后，换一些图片重复步骤4，依次对竖排BINGO和对角线BINGO的学生进行适当的鼓励或奖励。

## 注意事项

1. 游戏应建立在学生初步掌握生词的读音和释义的基础之上。

2. 老师在游戏进行的过程中，尽量运用生动的问题来吸引学生的注意力。

3. 图片要求清晰、简洁、生动。

4. 老师应注意游戏步骤的连续性，灵活应对游戏过程中学生提出的问题。

5. 图片的抽取应有一定的随机性。

# 十二、找出班上谁懂

## 游戏介绍

　　评比和比赛的形式是激发学生学习积极性和增强学习动力的最有效的方式。学生能够从比赛中获得成功的自豪感，又能学习汉语知识，无疑也是一种很好的教学方式。

　　这也是我在一个研讨会上学的游戏，可以用在很多的教学环节上，比如教生词、句子、段落，甚至写作，效果都很不错。

## 游戏准备

根据学生人数复印好写有问题的纸若干张。

## 游戏过程

1. 在一张纸上画出若干个空格，根据教学内容和目的把需要学生掌握的知识或者问题写在格子里面。之后复印好，给每个同学发一张。

2. 学生拿到纸后快速浏览一下。等老师说开始以后，立即开始行动，在班上寻找知道问题答案的同学。

3. 找到一个知道某个问题的答案的同学以后，让他告诉你答案，你要快速把答案写到纸上，让这个同学检查后，签上他的名字。

4. 继续寻找答案，规则同上。

5. 第一个完成所有问题答案的学生要举手告诉老师，老师宣布停止游戏。为了防止有错误，最好有三个同学完成任务后停止游戏。

6. 老师和同学一起核对答案，最快、最准确完成任务的人就是赢家。

### 注意事项

1. 注意控制时间，问题不要过多。
2. 也可以变换方式，答对问题最多的人算胜利者。

### 问题纸示例一

| | | |
|---|---|---|
| 北京的故宫又叫什么？ | "小明不在家，你要给他留言吗？"这句话是什么意思？ | 说出五个打电话时常用的词。 |
| 写出八个跟方向有关的词，比如左边、右边。 | 中国古代的四大发明是什么？ | 你们学校的图书馆在哪里？ |
| 中文老师的办公室在什么地方？ | 你最怕的科目是什么？ | 学校的更衣室在哪儿？ |

问题纸示例二

| Say 5 names of shops. | Chinese currency units are: | Wǒ xiǎng huàn yì shuāng pí xié. What does that mean? |
| --- | --- | --- |
| What do you have for your breakfast? | Name 8 fruits and 5 veges. | What do you say when you are hungry and full? |
| Say 5 Chinese foods. | How do you say take away in Chinese? | How do you say snacks? |

找出班上谁懂

心得随笔

# 十三、3、2、1

## 游戏介绍

　　这是可以用在很多环节的教学游戏，更确切地说，是一种教学活动。但是如果你长期坚持用它，让它成为你的学生习惯做的一件事，那么你会发现惊人的效果。所谓3，就是让你学生做的第一项任务，完成这个任务要做三件事，或者同样的事要做三次；2是你学生应该做的另外一个任务，完成这个任务要做两件事；1就是做的最后一件事情。这些任务，都要根据你的教学情况决定。比如，我经常让学生在学习生词后做三件事：写出三个今天新学的生词，写出两个你觉得最难写的生词，用刚学过的生词造一个句子。等学生做完了，可以用其他的游戏方式进行检查，比如可以用天翻地覆那个游戏。等你用熟了就会发现，这三个任务可以天马行空任你安排，只要跟教学有关都可以。

## 游戏准备

1. 学生的练习本。
2. 白纸。

## 游戏过程

1. 老师给出指令，告诉学生具体的3、2、1任务是什么。
2. 让学生独立完成。
3. 完成最快最好的就是赢家，得到奖励。

## 游戏实战演习一

1. 让学生在本子上写出三个新学的生词。
2. 然后写出两个以前学过的生词。
3. 用这五个词语，写一段文字。
4. 完成得最快、最好的就是赢家。

## 游戏实战演习二

1. 让学生在自己的练习本上用学过的生词或者句型写三个句子。
2. 然后找两个学生修改你句子里面的错误。
3. 挑选出你写的一个句子，让一个同学翻译成母语写在你的本子上。
4. 最先完成任务的就是赢家。

## 游戏实战演习三

### 练习对话

1. 找三个人用中文问同一个问题。
2. 回答两个同学的问题。
3. 根据上面两个活动，挑一个问题，把问题和答案写在自己的本子上。
4. 最先完成的就是赢家。

## 注意事项

1. 开始的时候要选简单的任务，等学生熟悉了再用难些的任务。
2. 及时跟学生沟通，调整游戏的规则和判定标准，最好每次选择赢家的标准不同。
3. 一定要坚持长时间使用。

# 十四、弹钢琴

## 游戏介绍

　　这也是一个经典的游戏。拼音练习的重点是发音，有人说汉语听起来就如同音乐一样，因为汉语有四个声调，跌宕起伏。我们不妨利用一下这个特点。

　　钢琴是很多人都喜欢的一种乐器。如果能把游戏和钢琴结合起来，也许是个不错的主意。我们可以让一些学生充当钢琴的键，让其他同学来弹弹，看看钢琴的反应能力怎么样，效果好不好。在游戏中"弹钢琴"学汉语，其乐无穷。

## 游戏准备

1. 老师事先准备一些生词卡片或拼音卡片。
2. 学生坐的椅子。

## 游戏过程

1. 让学生排成一排，像是钢琴的键盘一样。

2. 每个学生发一张卡片。

3. 老师读出卡片上的词或拼音，手里拿相应卡片的学生要高举卡片跳起来（可以根据情况规定反应时间）。对了得 2 分，错了扣 1 分。

4. 老师继续，可以一次读几个生词。规则同上。

5. 所有的卡片读了一遍后收回卡片，洗牌后再发给学生，继续游戏，直到规定时间结束。得分高者获胜。

弹
钢
琴

## 注意事项

1. 可以让学生一边跳一边说出卡上的词语或拼音。

2. 也可以规定跳起的学生的左右同学要跟着跳。

*心得随笔*

# 十五、剪剪拼拼

**游戏介绍**

　　穿衣服是我们每天都要做的事情，但是怎么穿好看，怎么搭配才是最好的，这里面有很多学问。学生们虽然每天都穿校服，但是只要一有机会，他们就会穿上漂亮的衣服上街，去展示自己的青春美丽，特别是女孩子，对怎么搭配衣服有无限的热情。如果我们投其所好，把他们的兴趣引入课堂教学，也是非常明智的举措。

　　这个游戏就是引导学生通过画人画衣服，并进行裁剪交换搭配，做出最好的服装搭配效果。通过这个游戏可以让学生复习、巩固有关人体器官和服装的名词，还能掌握"穿"和"戴"的区别。寓学于乐，学生也会有意想不到的收获。

## 游戏准备

1. 纸。
2. 铅笔。
3. 剪刀。

## 游戏过程

1. 给每个学生发一张纸，或让他们自己准备一张纸。

2. 老师在黑板上铺上一张纸，同时叫学生拿出纸和笔跟着自己画（简笔画），分别为头、脸、鼻子、嘴巴等，另外画服装、手表、帽子等。

3. 老师边画边用汉语说出所画器官或服装的生词，要求学生跟着念。

4. 画完后用剪刀把所画的图案剪下来，边剪边说出所剪图片的生词。

5. 剪完后开始拼图，老师讲一样学生拼一样，拼完器官后再给人物"穿"衣服，"戴"帽子。

6. 拼完图后，还可以跟学生说："请脱下……（不同的衣服，比如上衣、长裤等）。"

7. 老师把自己贴的服饰搭配展示给学生看。

剪剪拼拼

**注意事项**

1. 可以根据时间或课堂气氛的需要适当补充一些课外生词。

2. 如时间允许，还可以带领学生复习有关颜色的生词。

3. 也可以用在家居、校园、公共设施等话题上。

4. 对于剪完图片后剩下的纸屑，要求学生自己收拾干净。可借此机会向学生进行爱护环境卫生的社会公德教育。

# 十六、谁想当百万富翁?

## 游戏介绍

"谁想当百万富翁"1998年始创于英国,节目规则极为简单,只要连续正确回答15道问题,即可赢得100万英镑大奖。节目在英国ITV电视台播出后,立即取得巨大成功。随后,节目陆续在美国、荷兰、日本、澳大利亚等国家推出,全都获得了惊人的收视佳绩。美国1999年至2000年平均每晚收视观众达2900万人,ABC公司宣称该节目是其历史上赢利最高的电视节目,总收入达10亿美元。

我们可以把这个节目的模式引入中文课程,通过游戏让学生复习某个单元学到的词语、句子,也可以作为一些特殊场合的游戏活动,比如中国周。

## 游戏准备

写有问题的小卡片。

## 游戏过程

1. 老师当主持人,手拿写有问题的小卡片。

2. 老师讲解游戏规则:老师提问,学生在规定的时间内做出回答,如果第一个问题回答正确,得到100分,继续下个问题,如果再次回答正确,可以得到100×2分(即200分),分数随问题数目加倍。如果不知道怎么回答,可以向观众求助,但是每人只有三次求助机会。如果回答错误,就退出游戏。

3. 换另外一个参赛者，继续比赛。

4. 最后得到分数最高者赢得比赛。如果能够回答所有问题，就是百万富翁的大赢家。

谁想当百万富翁？

## 注意事项

1. 问题设计得好不好是这个游戏成功与否的关键。可以设计各种各样的问题，比如可以写出一个生词，给出四个英语的解释，可以是在一个句子中间空一个格，让学生从四个字中选择填空；可以是给一个句子，让学生进行翻译；也可以是给一段文章，让学生读完后回答一个问题；还可以是让学生听一段录音之后选择正确答案。问题的内容可以跟所学单元有关，也可以跟中国文化有关。

2. 问题的个数可以根据学生情况和时间进行增减。

3. 可以分组进行比赛，也可以单人参赛。

4. 可以上网找一段游戏中的音乐，作为游戏时的背景音乐。

# 十七、辛勤的小蜜蜂

## 游戏介绍

如果你向比较有经验的老师请教如何控制好课堂纪律，他们十有八九会告诉你："一定要让学生忙起来！"的确，如果学生没有事情做，很快就会走神，就会开始说话、捣乱。与其说这是个游戏，不如说这是一个有经验老师常用的上课手法。游戏最主要的部分是，你在不同的工作台上，根据你的教学情况设定不同的活动。比如，可以是听说读写四个方面的活动。不信，你自己试一试，你会大吃一惊的。

## 游戏准备

1. 在教室的四个角落，用桌子各拼一个工作台。
2. 在工作台上放上几张大白纸。
3. 白板、写字笔。

## 游戏过程

1. 集中讲解每个工作台上的任务、要求等，比如工作台1要求给纸上的字加拼音，工作台2要求要求写反义词，工作台3要求造句，工作台4要求翻译。
2. 把学生分成四组，让每个组挑一个工作台。
3. 老师设定时间限制，要求学生按照所选工作台的要求在白纸上写出答案。
4. 到了规定时间后，不管完成与否，老师都要要求学生停止，按着顺时针方向换到另外一个工作台。继续工作，直到每个小组都回到最先开始的那个工作台为止。

5. 老师把四张大纸贴在相应工作台后面或者附近的墙上。

6. 规定一个时间，让每组学生看一下每个工作台后面的大白纸。

7. 回到座位后，集中讲解，讲评。

8. 任务完成得最好的那个组获得"辛勤的小蜜蜂"称号，得到奖励。

## 注意事项

1. 注意每组汉语水平的搭配，要求每个组员都要参与行动。

2. 具体活动一定要事先安排好，让学生明白要做什么。

3. 学生忙的时候，老师要四处走动，回答学生问题，并给予提示或帮助。

心得随笔

# 十八、涂鸦接龙

## 游戏介绍

　　想一想我们自己做学生的时候，老师整天让回答问题，并且把答案写字作业本上，你的反应是什么？现在你做了老师，有了权力，为什么不换一种方式让学生在不知不觉中完成你想让他们做的事情呢？

　　这个游戏就是利用了孩子们喜欢涂鸦的心理。让他们在一张大纸板上，用不同颜色的笔写出答案。

## 游戏准备

1. 写有问题的大纸。
2. 各种颜色的彩笔。

## 游戏过程

1. 老师把写有问题的大纸贴在教室的四个角落。
2. 根据学生人数、教学目的、问题数目等把学生分成几个组，让每个组挑选一种颜色的彩笔。
3. 让每组的学生在大纸上用所选的彩笔写下答案。
4. 写完后走到另外一张纸前，回答另外一个问题。
5. 继续游戏，直到回答完所有的问题。
6. 每组选出一个人，向全班讲解答案。
7. 评出最佳答案。

涂鸦接龙

## 注意事项

1. 在问题的选择上要下些功夫。

2. 强调每个人都要积极参与，避免只有个别学生做了所有的工作而其他人什么都不做。

3. 可以让每个学生单独参与。

4. 一定要给学生站在讲台前面，讲解自己答案的机会。

5. 复习环节用这个游戏效果非常好。

# 第八部分

## 中国风

# 一、生词麻将

## 游戏介绍

　　打麻将是很多中国人喜闻乐见的一种娱乐方式，也是中国民俗文化的一部分。对于年纪比较小的孩子，用生字卡来做为麻将牌，是非常好的一个活动。

　　这个游戏可以用于不同水平的孩子，老师可以根据学生的汉语水平适当调整"麻将牌"的内容。如果学生的汉语水平不高，就可以用所学的词语来玩儿游戏，这样学生能在玩儿中学，增强记忆；如果学生的汉语水平比较高，老师可以在"麻将牌"里加码，增加一些动脑筋的环节，这样就会提高学生的兴趣。

　　游戏的好处就不赘述了，马上进入游戏吧……

## 游戏准备

　　1. 根据教学内容做一套生字卡，每个卡片上只有一个字。

　　2. 四人一组将学生分为若干组，每个人抽9张卡片。

## 游戏过程

　　1. 学生拿到卡片后，尽量用卡片上的字组词。把那些不能组词的卡片放在旁边，以后再摸牌的时候，如果摸到的卡片不能跟手里的牌组成词，就将该卡放在旁边。一定要保证手里有九张牌。

　　2. 开始的学生从卡片堆里抽取一张卡片，如果摸到的卡片可以跟他已经有的卡片组成一个词，组成 10 个词语，那么他就赢了，就像麻将中的自摸一样。

3. 如果不能组成一个词，他要决定扔出一张卡片，他的下家如果手中的卡片和这张卡片可以组成一个词，他可以拿走这张卡片，扔出另外一张。

4. 如果不可以组成词汇，他可以在卡片堆里重新摸一张卡片。

5. 依此类推，最先组成10个词的人是赢家。

**注意事项**

　　开始的时候，可以玩儿得简单些，熟悉后可以像打麻将一样向上家抽牌。

# 二、猜灯谜

## 游戏介绍

　　带学生玩儿猜灯谜游戏，除了可以借机介绍中国的传统节日以外，还可以教学生制作灯笼，并且在教学中利用这些灯笼进行一些活动。对于汉语水平高的学生，可以介绍一些中国的灯谜，让他们体会到中文的乐趣；对于汉语水平低的学生，用一些简单的问题来代替灯谜就可以了。比如可以问：某个字怎么写？某个词语是什么意思？问题可以很简单，也可以有点难度，关键是让学生按照猜灯谜的方法在课堂上学到一些东西。

　　如果做不了街面上卖的那种红灯笼，找不到更合适的材料，那就用竹条、宣纸、笔墨做一个简单的纸灯笼吧。手工制作纸灯笼的材料和工序都十分简单，既能设计自己喜欢的式样图案，又能为节日增添许多乐趣。

## 游戏准备

1. 竹条或者铁丝。
2. 宣纸或者彩色纸。
3. 笔墨。
4. 提前准备一些灯谜。

## 游戏过程

1. 制作骨架

　　自己做纸灯笼，可以做成比较简单的形状（长方体或圆柱体），最好选用可以弯曲的竹枝或竹皮搭成框架，衔接的地方用细线绑紧。如果不好找，细长条状的硬纸板和烧烤用的竹签也可以，结实程度和柔韧性会有所欠缺，但摆在室内也是很不错的装饰。

2. 制作灯身

在文具店买几张白色、红色的普通宣纸或者洒金宣纸，按灯笼骨架的长宽裁一下，之后就可以自行设计图案了。书法、绘画、剪纸……你会的技能都可以趁机展示一下。糊好后，用窄条的仿绫纸上下镶边，看起来更为雅致，很像古式的宫灯。如果不太擅长书画，这里提供一个简单的办法：用一张薄纸在字帖上描下想要的字样，之后将这张薄纸和红色宣纸重叠在一起，用单刃刀片将字迹挖掉。拿掉薄纸，红宣纸上就出现了镂空的字迹。用白色宣纸做灯身，红宣纸糊在里面，烛光或灯光从镂空处映射出来，效果相当好。

3. 制作光源

如果放在室内，只需要在灯笼里点一根普通蜡烛；如果想提着出去，最好用灯泡和电池做一个简单电路。也许看起来有一点点粗糙，但在元宵佳节点上一盏自己亲手制作的灯笼，定会别有一番风味。

4. 猜灯谜

将学生做好的灯笼挂在教室里，然后将事先准备好的谜面，贴在灯笼的下方。学生以游园的方式，进行猜灯谜的活动。如果猜对灯谜，那么相对应的灯笼就归这个学生所有。

**注意事项**

1. 制作灯笼的环节可以让学生在课余时间完成。
2. 游园时，可编排适当的对话环节。
3. 猜灯谜时，老师可以用问答的方式进行。
4. 此活动的目的不仅仅是制作灯笼，还应该包括介绍中国的节日文化，让学生用猜灯谜的形式学习或者复习生词、句子等。

猜灯谜

心得随笔

# 三、剪 纸

## 游戏介绍

　　剪纸是一种中国民间传统工艺。提起剪纸我们都能想到中国人婚礼上用的"囍"字，还有民间的窗花艺术，配上五彩颜色，可谓美不胜收。如果能将这一传统的艺术形式引入汉语教学，既能让学生领略中国传统工艺文化的博大精深和丰富多彩，又能学到汉语知识。

## 游戏准备

1. 剪刀（或刻刀）。
2. 铅笔。
3. 彩纸。

## 游戏过程

1. 教师选择一张彩纸进行剪纸示范。

2. 看完后让学生剪纸。

3. 可以让学生分组合作，也可以让单个学生独立完成。

4. 以剪汉字为例，具体过程如下：

　（1）给学生一张白纸。

　（2）他们要选出一个新学的生词，并写在纸上。

　（3）学生按照自己的想法设计汉字的字体和样式。

　（4）学生利用剪刀或刻刀进行裁剪。

　（5）将完成的作品进行展示。

　（6）选出最佳剪纸，予以奖励。

## 注意事项

1. 注意尽量引导学生剪汉字，这样可以学到汉语知识。
2. 最好分组进行，一个组的每个人刻一个不同的汉字，最后进行句子比赛。这样也可以让学生及时掌握所学的句型。

剪

纸

心得随笔

# 四、双 簧

---

### 游戏介绍

　　双簧是中国的一种传统曲艺形式。在电视娱乐节目中经常见到，其实就是我们经常做的角色表演 (role play)。我们可以变换形式，把它引入课堂，实际上也只不过是换了一种新的表演方式。这种游戏形式简单又不需要准备复杂的材料，我们可以多做尝试，探索不同的玩法。只要换不同的话题，就可以进行多方面的语言练习。

## 游戏准备

将学生分为两人一组。

## 游戏过程

以身体部位这个话题为例，游戏可按下面的步骤进行：

1. 将学生分成两个人一组。

2. 老师说一个生词。

3. 后面的人用形容词形容相应的身体部位，比如"我有大大的眼睛，小小的鼻子"等。

4. 前面的人负责指身体的相应部分。

## 注意事项

1. 可以用于不同的话题，只要给学生足够的时间尽心准备就好。

2. 也可以前面的学生说句子，后面的同学进行表演，不过这就不是传统意义上的双簧的形式了。

双簧

心得随笔

# 五、做风筝

## 游戏介绍

　　制作风筝是中国传统手工艺中的一种。风筝的形状主要是模仿大自然的生物，如雀鸟、昆虫等，或做成几何形状；而图案方面，主要由个人喜好而设计，琳琅满目。风筝的制作材料除了丝绢、纸张外，还有塑胶材料等；骨杆多用竹篾、木材及胶棒来做。中国、马来西亚、菲律宾及日本等，亦有一种大型的风筝，每到风筝节就将它放到湛蓝的天空，这种风筝的尺码由十至二十尺不等，骨杆则用大竹升来做，要一百多人来放。

　　风筝有着深刻的文化内涵。让学生学做风筝并在风筝上写上自己想写的汉字、想表达的心情，也是一件不错的事情。

## 游戏准备

1. 竹签（2根40～50厘米长的，4根30～35厘米长的）。
2. 纸张（一张有韧性的纸；两条较轻的纸，宽5～8厘米，长3～10米）。
3. 铁丝或强力胶、线、线轴。

## 游戏过程

1. 将学生分成三五个人一组。
2. 给每组相应的材料和工具。
3. 老师示范风筝的基本做法：
　（1）搭框架：用2根长的细竹签十字交叉做骨架，4根短的竹签围边框，最好做成长方形的，比较稳固平衡。用细铁丝或用强力胶将竹签牢牢绑好。

(2) 糊纸：选纸要有韧性，不能薄不能脆。糊的时候最好沿边框糊，这样比较结实，糊的过程中要保证纸完整平整，不能有一点破损，否则风筝就飞不起来了。

(3) 粘尾巴：把两条轻一点的纸分别粘于主体同一边上的左右两端（若主体为长方形，粘在较短边），保证粘好后两条尾巴长度相等后绑线。四条线末端分别固定在主体的四角，提拉到一处，使线呈四棱锥状，之后在手中拉紧，打结，把风筝线系上。注意线要拉得正，保证力度平均。

4. 让学生根据自己的想法来设计图案和文字，做自己的风筝。

做风筝

## 注意事项

1. 做风筝是为了锻炼学生的动手能力和对中国传统文化的感知，因此要调动所有学生的积极性，让每个人都参与其中。
2. 注意引导学生设计的时候写上中文，加强其学习性。

心得随笔

做风筝

# 六、做印章

### 游戏介绍

　　篆刻也是中国传统文化中的一个重要部分。设计这个游戏，我们只是想让学生尝试敲开中国文化的大门，让他们领略中国文化的魅力而已。更多的时候，我们只是安排让学生先欣赏一些篆刻作品，让他们了解篆刻作品的形式。然后再让他们尝试刻一些简单的汉字，比如："人"、"口"、"上"、"中"、"下"等。

　　游戏的重点在于让学生了解汉字的结构以及汉字的笔画。通过教他们用刻刀尝试篆刻，让他们领略汉字的魅力，在脑海里打下深深的烙印。

### 游戏准备

1. 刻刀。

2. 橡皮（至少4cm²）。

3. 墨水笔。

4. 准备一些要刻的字。

5. 印泥。

6. 白纸。

### 游戏过程

1. 将要刻的字写在事先准备的纸上。

2. 用墨水笔把写好的汉字涂匀。

3. 把橡皮盖在涂好的汉字上方，用力按，使橡皮与汉字完全接触。

4. 把橡皮翻转，然后用墨水笔把印有汉字的地方涂匀。

5. 老师讲解阴刻、阳刻。阴刻就是用刻刀除掉涂抹的地方，阳刻就是用刻刀除掉空白的地方。

6. 根据学生的喜好，让学生自由选择这两种刻法。

7. 篆刻完毕，老师把印泥准备好，让学生们蘸上印泥，将所刻的作品印在白纸上。如果觉得有的笔画还不够满意，可再进行修改，直到满意为止。

8. 学生将印在纸上的作品交给老师，老师点评。

### 注意事项

1. 注意安全，尤其是小学生，可以用尖头铅笔刀代替刻刀。

2. 尽量选取笔画少、比较简单的字。

3. 注意阴刻和阳刻的区别。

# 七、画脸谱

## 游戏介绍

相信很多老师都向学生介绍过中国的京剧，很多孩子也看过电影《美猴王》，如果你问他们想不想自己做一个京剧的脸谱，肯定没有人说不愿意的。那么我们就可以利用这一点组织一些活动，既可以介绍中国的戏剧，又可以让学生在制作脸谱的同时复习和掌握相关的语言知识。

在教颜色词的时候，还可以介绍颜色在中国文化中的意义。

## 游戏准备

1. 水彩画笔。
2. 彩纸。
3. 一段介绍中国戏剧脸谱的视频或相关的PPT。
4. 提前准备一个画好的脸谱。
5. 根据教学目的和内容，设计一些问题，写在纸条上，放入不同颜色的袋子里。比如红色袋子里是学过的生词；黑色袋子里是一些句子，有的是中文，有的是英文；棕色袋子里面是中文错句；黄色袋子里面是关于中国文化的问题……要保证有不同难度的问题。

## 游戏过程

1. 先用视频或 PPT 介绍中国戏剧中的脸谱。
2. 给学生展示提前做好的脸谱，讲解脸谱中颜色的意义。
3. 教学生自己设计脸谱。

4. 让学生给脸谱上色。在这个时候，老师要利用自己的权力，不能让学生轻易地拿到自己想要的颜色。这也是游戏活动中最主要的部分。如果学生需要哪种颜色，就要在相应颜色的袋子里面抽取一个问题。只有回答对了，才可以用这种颜色。由于目的不是为难学生，所以学生可以查课本或字典。

5. 脸谱画好后，让学生戴着脸谱照相，也可以把脸谱放在房间里展示，一定要让他们觉得自己做的东西非常好、非常有意义。最后评选出最好的脸谱予以表扬。

## 注意事项

1. 可以根据情况定规则，比如答对一个问题可以用一次相应的颜色，如果还要用，就要再抽取一个问题。

2. 也可以把不同类型的问题放在一起，不去细分，学生需要一种颜色，就要来抽一个问题。

# 八、皮影戏

## 游戏介绍

　　不要被这个名字吓住了，我们不用做得那么专业，只借鉴皮影的原理，带领学生做一些人物、动物形象的卡片，之后表演一下就可以了。

## 游戏准备

1. 半透明白色硬塑料薄片（做屏幕用）。
2. 照射灯或手电筒。
3. 硬纸片。
4. 绳子。
5. 小木棍 。
6. 让学生用中文写一个简单的小故事，要有一些人物和情节。

## 游戏过程

1. 老师带领学生读一遍课前写好的小故事。
2. 老师交代任务，让学生自愿分工合作。需要完成的任务有：人物裁剪、剧务、灯光、表演、旁白。
3. 负责人物裁剪的同学根据故事用硬纸片剪出几个人物形象，然后用绳子将纸片穿起来，另一端栓在小木棍上。
4. 负责灯光的准备好照射灯。
5. 负责剧务的同学准备好屏幕，之后布置教室。关掉教室里的灯光，营造影院的昏暗效果。

6. 负责表演、旁白的同学根据故事进行演绎，准备台词。

7. 表演开始。

8. 老师点评，颁发不同奖项。

皮影戏

**注意事项**

1. 表演过程中，学生可以看台词。

2. 注意评比的时候，要有说、演、人物裁剪等不同奖项。

3. 故事以短小为佳，尽量简单，不要弄太复杂的人物或者故事，达到学汉语的目的即可。

心得随笔

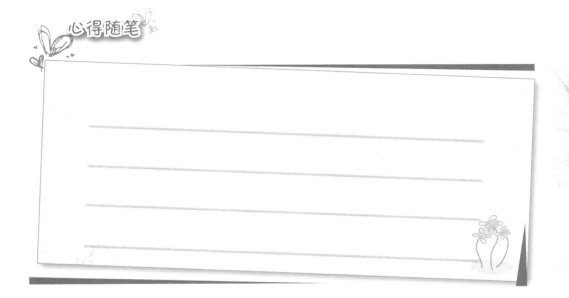

# 九、十二生肖

## 游戏介绍

提起十二生肖，中国人都知道：鼠、牛、虎、兔、龙、蛇、马、羊、猴、鸡、狗、猪。这十二种动物分别对应不同的年份。学生尤其是小学生对小动物可谓情有独钟，孩子的天性使然，我们可以利用这一点在教学中进行十二生肖的游戏。通过游戏，可以让学生在学习一些动物的中文名称的同时了解中国传统文化，我们甚至可以趁机教学生一些有难度的语法和句型。

在学校组织的春节活动上，让学生用中文表演生肖来历的故事也是非常有趣的一件事。

## 游戏准备

1. 硬卡片。
2. 画笔。
3. 剪刀。
4. 准备一些跟生肖有关的故事，并打印出若干份，保证学生人手一份或每组一份。

## 游戏过程

1. 给学生讲解关于生肖的故事。
2. 将打印的故事发给学生，要求学生仔细阅读。
3. 让学生在硬卡片上画出十二种动物并裁剪下来，可以一个人独立完成，也可以小组合作。

4. 老师选几个同学将刚才阅读的故事表演出来。

5. 或者用十二生肖动物排队的形式练习汉语句型顺序。比如可以在老鼠卡片写上一个名字"小明"，牛卡片写上一个体育项目"羽毛球"，老虎卡片写动词"打"，兔子卡片写"得"，龙卡片写一个形容词"很好"，之后让学生们根据生肖顺序排队。利用生肖顺序，孩子们很容易记住。

## 注意事项

1. 可以用原来的故事，也可以是学生自己改编的。
2. 可以让学生利用卡片排队的形式来推算年龄。
3. 汉语水平高的学生可以利用与生肖中的动物有关的成语进行比赛。
4. 在做人卡排队（见p40）的时候，老师也可以有意识地用生肖卡片，或者在卡片后面加上生肖图案，以便学生核对答案。

十二生肖

心得随笔

# 十、写大字

## 游戏介绍

书法可谓中国国宝。方块汉字的独特魅力，一直吸引着众多学习汉语的人士，小孩子也不例外，他们对写毛笔字有无尽的兴趣。我们因势利导，让他们通过写大字掌握一些汉字的写法。当然也可以开动脑筋，让学生除了认字还能有其他收获。

 游戏准备

1. 毛笔若干支。
2. 宣纸若干张。
3. 墨汁若干。
4. 砚台若干。

## 游戏过程

1. 将学生分成若干组。
2. 每组分发毛笔、墨汁、纸、砚台。
3. 从学过的课文中挑选重点句子。
4. 每组每个人写一个字，合作完成这句话。
5. 进行评比。

## 注意事项

1. 以练习汉语笔画为目的，不要求速度。
2. 引导学生注意笔画的规范、优美以及整体的和谐。
3. 写大字目的就是让学生换个方式进行汉字练习，同时可以学到中国书法方面的知识。

写大字

心得随笔

# 十一、做扇子

## 游戏介绍

　　提起扇子，可谓无人不知，无人不晓。炎炎夏日，轻轻摇扇，顿感凉爽。除此之外，扇子里面还包含了丰富的文化内容。

　　本活动就是想通过学生亲手设计制作扇子的过程，潜移默化地向学生传输中国扇文化，让学生感受扇文化的魅力，培养学生的审美情趣。同时在扇子上书写汉字也能引导学生学习汉语。

## 游戏准备

1. 准备一些有关扇子的幻灯片，最好选做工精美的扇子的图片。

2. 提前找一些或让学生带一些扇子。

3. 用卡纸剪成的各种形状的扇面、装饰材料（剪好的各种图形或图案）、扇柄（可用冰棍棒）、蜡笔、浆糊等。

## 游戏过程

1. 老师结合幻灯片介绍各种扇子。

2. 展示一些扇子的实物（檀香扇、绢扇、折扇等），请学生介绍自己带的扇子。

3. 介绍扇子的用途（扇风凉快、装饰等）。如可能，拿出一把大的工艺扇，让小朋友欣赏并体会它的装饰作用。

4. 老师拿出一些没完工的扇子，交代任务：把这些没完工的扇子做成成品，之后用扇子布置教室。

5. 老师示范如何把半成品做成成品，让学生体会怎么使用老师给的装饰材料，主要是粘贴和绘画。

6. 让学生选扇面。

7. 让学生按自己的想法在扇面上贴一些图案或写一些字。

8. 扇面完成后装上扇柄。

做扇子

**注意事项**

本游戏意在让学生练习书写，所以尽量引导学生在扇子上书写汉字。

# 十二、中文名字

## 游戏介绍

　　教中文的时候，很多孩子都会问老师自己的名字用中文怎么说，也有很多孩子希望老师帮忙起一个中文名字。有时候，为了省事，老师就按发音给孩子起一个中文名字。其实这样做不是特别好，老师应该讲一下中文名字和英文名字的不同之处，讲讲中国人给孩子起名的时候都考虑哪些因素等跟中国文化相关的知识。了解了孩子以后，可以根据孩子的性格和原有名字的发音，为他们起一个比较地道的中文名字，并且给他们解释每个字的意思。可以让孩子们玩儿一些游戏，使他们尽快熟悉自己的中文名字，并写出自己的名字。在教学中、生活中叫他们的中文名字，对提高孩子们对汉语的学习兴趣很有帮助。

## 游戏准备

找一些意义比较好的汉字，作为取名字的字库。

## 游戏过程

1. 大家一起面对面围成两个同心圆。

2. 一起拍手唱歌或放音乐，两个圈分别朝相反方向移动。歌曲结束或老师喊停时，每位同学就与这时正好和自己面对面的同学进行问候对话。要用中文问："你的中文名字是什么？你的中文名字是什么意思？"对方用中文回答，之后这个同学再问："你的中文名字怎么写？"对方拿出卡片，把自己的名字写上去。

3. 当大家安静下来表示都做完以后，重新开始一首歌曲拍手转圈。游戏的乐趣在于学生不知道自己下一个将会面对谁，也许是新的同学，也许就是刚才问候过的同学。但是不管怎样，经过这个游戏，学生们可以记住一些同学的中文名字了。

## 注意事项

1. 利用写大字、画国画等游戏，让学生熟悉自己的中文名字，并且可以借机向父母朋友炫耀，这样对提高他们学中文的兴趣一定会有很大的帮助。
2. 中文名字一定要注意不要跟当地语言文化发生冲突。比如万克，很好写的名字，但是和英文中的一个很不好的词同音，所以要特别小心。

心得随笔

# 十三、包饺子

## 游戏介绍

　　包饺子，是一种比较有代表性的体验中国传统文化的活动。在对外汉语教学过程中，很多老师也都喜欢设计这样一个活动环节。在东南亚的很多学校，由于上学的时间跟中国有很大的差别，所以在中国过春节的时候，学生们还在正常上课。这时候，我们不妨设计这样的活动，让学生既能够感受真实的中国文化，又能切身地投入到中国春节的喜悦气氛当中。这种贴近生活的文化活动，能够很大程度地调动学生学习汉语的积极性，并能掌握一些基本的生活技能。

## 游戏准备

　　1. 面粉、肉馅、擀面杖、饮用水。
　　2. 将学生分组，每组4到5个人。

## 游戏过程

　　1. 老师先示范如何和面，学生配合老师。将面粉倒入盆中，然后加适量饮用水。一边和面，一边加水，老师要尽量用中文跟学生交流。比如："把水拿过来"、"加点儿水"、"再加点儿"等等。

　　2. 面和好以后，放在一边备用。

　　3. 把事先准备好的肉馅发给每组的同学。

　　4. 将和好的面团分给每个小组。

　　5. 老师示范如何擀面皮。将面团揉成长条，然后揪出一小段，用擀面杖擀成圆形的面皮。在示范擀面皮的过程中，可以让学生来尝试，并注意用中文交流。

6. 每个小组的每个同学都擀好面皮以后，老师示范如何包饺子，学生也可以根据自己的想象包，形式可以不拘一格。

7. 此时可以安排游戏环节，在10分钟内，看哪个小组包的饺子最多。

8. 最后由老师进行评判，数量最多且达到标准的那个小组获胜，并获得最先品尝饺子的机会。

包饺子

## 注意事项

1. 包饺子的过程中，一定要说汉语，让学生知道一些名词或动词用中文怎么说。

2. 饺子的形状可以不拘一格，充分由学生发挥他们的想象力。

3. 评价的方式也可以变一下，比如评出哪个同学包得最好看。

心得随笔

包饺子

# 除了游戏本身，你还应该知道的东西

　　既然大家都已经意识到了游戏在汉语教学中的作用，我相信大家一定会在今后的教学中更多地利用游戏和活动。不过，做游戏、组织活动的时候我们还应该明晰以下几点：

## 一、认清游戏教学的局限性

　　教学游戏是一种非常有效的教学工具，但绝对不是万能的灵丹妙药。作为一个好的汉语老师，如果你想上好课，还是要做好认真备课等一系列传统的工作。教学游戏永远都是辅助性的工具。

## 二、游戏活动应有目的性

　　游戏的安排不能是随意的，教学游戏的选择一定要有针对性，必须为教学服务。上课前一定要根据教学内容、教学目的设计相应的游戏，要通过游戏锻炼哪方面的技能，要求学生达到什么水平，对于这些，教师都必须做到心中有数，不能盲目地为了游戏而游戏。上课的时候，绝对不能随便拿来一个游戏就用。否则，为了游戏而游戏，其结果只能是形式大于内容，热闹大于深刻，到头来只是空欢喜一场。

　　设计游戏时，要充分考虑教学的重点难点和其他教学要求。如：在学习表示颜色的生词时，你可以设计一个幸运大转盘的游戏：做一个活动的转盘，上面有10种颜色，教师问："这是什么颜色？"学生纷纷举手回答，有的猜红色，有的猜绿色，有的猜黑色，有的猜蓝色；最后教师转动转盘，猜对的学生可以加分或者得到小贴纸。这种游戏目的性很强，学生的参与面也很广。

### 三、游戏活动的适应性

在选择好游戏后，一定要根据自己的教学进度和学生的水平重新设计具体的游戏资料和游戏过程。因为很多的游戏虽然可以用在很多不同的环节，但是作为老师，你选择的游戏应该是最适合你的学生的水平的。作为老师，一定要考虑学生的年龄心理特征和现有的汉语水平、教学环境等综合因素，保证所设计的游戏是"量体裁衣"。

### 四、游戏活动应有可控制性

课堂游戏符合学生好玩儿、好动、好胜的心理特点，因此学生在参与课堂游戏时特别投入，在游戏的过程中，要注意时间和场面的控制；孩子毕竟是孩子，一旦玩儿疯了，控制起来就很难。你一定要确保每个孩子都能积极地参与，都在按着你说的做，到了规定的时间，就一定要停止游戏。如果教师不能有效地控制课堂，有时候就难以完成预期的教学目的。例如：表演时学生可能会因争当某个角色而发生争吵，进行一些竞争激烈的游戏时会发生意想不到的违纪行为……诸如此类情况，如果教师不采取有效的控制措施，课堂游戏的效果将会大大降低，甚至起反作用。老师应仔细推敲游戏的各个环节、游戏的规则等具体方面，保证游戏顺利向前发展，否则容易陷入内容失真、操作失当、课堂失控的局面。

### 五、游戏活动应有灵活性

灵活性是指在教学中适时、适度地开展游戏活动，进行游戏的过程中要注意课堂气氛和课堂节奏的调整和把握，要灵活处理教学内容与游戏之间的关系。同时，要根据教学目的和学生的水平，以开放和批判的心态对选择的游戏进行不断地改进。要大胆地对游戏的规则进行修改，同时要多跟学生进行沟通，你会发现，学生经常可以提出你想不到的好建议。

### 六、游戏活动应有多样性

同样的游戏玩儿过几次之后，小孩子就没有兴趣了，这就需要教师不断积累游戏的玩法，设计新的游戏，翻新游戏的做法，以满足学生强烈的好奇心。要多尝试不同的游戏，不要永远都用一个游戏，这样时间久了学生也会厌烦的。但是对于学生非常喜欢的游戏，可以多花时间进行完善，可以有一两个"我们的游戏"。

## 七、游戏活动的有效性

想象一下，有这么一节汉语课上，老师教了生字"马"、"米"、"土"……为了巩固这几个生字，老师让学生做游戏，每个学生的胸前贴一个字，让学生离开座位找朋友，如果两个人的字能组成词语就一起拼读。这是小朋友非常喜欢的游戏。老师宣布游戏开始后，大家马上离开座位活动起来，但由于学生人数较多，大家晃来晃去，一片嘈杂，有的小朋友很快找到能和自己拼的字，就拉着手一起玩儿；有的小朋友离开座位后找自己平时喜欢一起玩儿的朋友聊天了；有的小朋友有点莫名其妙地坐在座位上，看着别人，也不知该做什么……过了几分钟，在老师声嘶力竭地呼吁遵守游戏规则后，学生安静下来，老师拉出几对小朋友，让他们拼读。然后，老师接着组织学生玩儿"猜一猜"的游戏，让学生看拼音猜苹果树中苹果下是什么字（其实就是读拼音拼汉字）。对猜对的孩子每人奖励一个苹果，学生的情绪一下子被煽了起来。由于苹果有限，结果得到奖励的孩子拿着苹果沾沾自喜，摸着苹果，也不注意老师还在要求他们做下一项学习活动——念儿歌；没有得到奖励到的孩子，羡慕地看着别人的苹果；个别孩子还从抽屉里拿出自己的零食，以示自己也不比别人差，也有吃的东西。学生的注意力都分散了。虽然看上去这堂课学生的情绪始终是高涨的，但是学生有没有学到东西不得而知。像这样空热闹、假互动的案例在我们的教学中并不少见。那么这个时候，你就得好好儿进行一下反思，想一想选择的游戏和活动的时机是否合适、问题出在哪里、如何进行改进等问题，以免在今后的教学中犯同样的错误。

## 八、游戏活动应注意公平性

课堂教学是面向全体学生，不是只培养少数尖子生，或者那些活泼好动的学生。在课堂游戏中，学习水平高一些的学生往往非常积极，他们参与和获得奖励的机会也比别的同学多。在热闹的游戏气氛下，参与机会不公平的情况往往会被老师忽视。长此以往，将会加剧两极分化，也会使被冷落的学生丧失学习汉语的热情和信心。对于那些程度比较低或者内向胆小的学生，老师在游戏开始的时候就要给予足够的重视，最好能根据他们的情况安排角色和适当的活动。一定要全班的每个人都积极地参与到游戏里面，享受游戏，并且从游戏中学到希望他们学习的东西。

### 九、游戏活动应有趣味性、竞争性和激励性

课堂游戏活动的设计要有趣，能吸引学生，要有竞争性，能激发学生的竞争意识。这样才能让学生积极主动地参与游戏，并希望在游戏中取得胜利。同时，教师要对游戏结果进行积极的评价，更要注意对失败的学生进行鼓励，保持学生参与游戏的持久兴趣。具体的奖励方法可以根据学生情况进行变动，可以是物质奖励，比如糖果，也可以是精神奖励。游戏教学不但要设计学法和玩法，还要适当选择评价、激励的方法。评价时可以尽量让学生参与，让他们在自我评价中增强学习动机，而且要注意评价应及时、客观、公平、易于记录、直观可见。对于那些在游戏活动中表现好的同学或小组要给予奖励。为使评价能保持长久的激励作用，可定期累积统计一下学生在参与游戏活动中获得的小奖品（如小本子）和加分情况，并评出游戏表现出色的学生或小组。对于那些性格内向和基础不好的学生，教师在实际教学中应给予特别的鼓励。

### 十、游戏活动应有启发性

在课堂上开展游戏活动是为了学习和巩固所学知识，活跃课堂气氛，但也应该注意学生智力的开发和能力的培养。我们可以设计一些有创造性和启发性的游戏。这就需要老师在现有游戏的基础上，根据具体情况进行大胆地创新了。

在进行游戏教学的时候，希望大家要记住一个"适"字，具体地说

就是：适时、适当和适度。

适时：小学生的注意力持续时间不长，游戏会很容易把小学生吸引到课堂教学中。学生出现疲倦时，就是游戏发挥作用的时候，恰当地设计并运用一个游戏，既能活跃课堂气氛，又能让他们轻松轻松，为下一环节的学习做好（精神状态方面的）充分准备。

适当：是指游戏形式和方法是否适应学习者，教师要"量体裁衣"，根据学习者的年龄、心理特征和现有汉语水平、教学环境等综合因素设计合适的游戏。低年级的学生喜欢趣味性强的游戏，而高年级的学生则喜欢探索性和对抗性较强的游戏。

适度：进行游戏时，由于其本身的对抗性比较强，学生好胜心切，群情激昂时难免会导致课堂纪律混乱。游戏前教师应仔细推敲游戏的各个环节、游戏的规则等具体方面，保证游戏顺利向前发展。否则，容易陷入内容失真、操作失当、课堂失控的局面。在游戏中应强调规则，适当地运用奖惩，还要注意游戏的量度，游戏过多，忽略了主要教学内容的讲授和训练，喧宾夺主，把汉语课上成游戏娱乐课，那就适得其反了。课堂游戏应该为课堂教学服务，当它成为一种摆设或者是为游戏而游戏的时候，课堂游戏就失去了它的魅力。

游戏教学应用于汉语教学具有诸多优点，但是应该明确，世界上没有哪一种教学法是普遍适用的，更没有万能的教学法。所有教学法都有其优点，也都有其自身的局限性。教师应根据不同的教学情境选择适当的教学法。这要求教师在教学中不是去照搬，而应创造性地运用它，使其焕发出强劲的生命力！

## 十一、注意游戏的安全性

在选择教学游戏时，安全因素应该放在重要的位置。在进行教学游戏过程中，老师要注意安全问题，确保学生安全地开展游戏活动。如果学生因为游戏受到伤害，那就得不偿失了。很多的时候，如果没有出事，什么问题都没有，一旦出了事，那么你的麻烦就大了，甚至可能影响到你今后的职业生涯。所以虽然是在学校、在教室，但是安全第一还是需要牢牢记住的。

总之，在游戏中学习汉语，其乐无穷。虽然本书介绍的游戏种类不是太多，也不够全面，有些游戏的方式也可能不太科学，但笔者相信只要我们不断探索和努力，注重培养学生的参与意识，激发学习兴趣，最大限度地发挥学习的主观能动性，就一定会促进课堂教学效率的提高，发挥游戏教学的独特作用。

最后，笔者想提醒各位，在进行游戏的时候，一定要向学生讲解清楚这个游戏的目的、游戏规则、如何进行游戏、游戏的奖励和惩罚是什么、游戏的进行时间是多长等问题。只有学生清楚地明白了这些问题，才有可能顺利进行游戏，从而达到你的教学目的。根据本人的经验，一定要不时地提醒学生：游戏的目的是为了学，不只是为了好玩儿。因为很多的时候，如果你不强调这点，学生会忘记了他们在游戏中已经学到了不少的东西，而把全部的注意力都放在游戏本身上了。

# 如何做个快乐的对外汉语老师？ *

我们一起探讨

## 一、本人自我介绍

1. 一个比较喜欢自己工作的人。
2. 有着很多年教学经验的人。
3. 一个快乐的人。

## 二、如何面对学生家长？

1. 不卑不亢，用积极的态度去面对家长。
2. 同时要记住家长是上帝。

### ◆和家长打交道可能遇到的问题

1. 怎么建立良好的关系？
2. 如何让家长觉得你是真的为了他的孩子好？
3. 怎么面对有语言差异、程度不好、沟通困难的家长？
4. 家长会上怎么跟家长谈？
5. 要不要亲自打电话给学生家长？
6. 接到学生家长的电话或收到电子邮件怎么办？
7. 我老觉得我的语言不够用怎么办？
8. 要不要对家长说实话？
9. 家长有了抱怨应该怎么办？
10. 家长态度恶劣怎么办？

---

* 本文系2009中蒙国际学校年度会议（ACAMIS conference）讲演稿

11. 怎么面对非常贪心的家长？

12. 学生出现问题时，家长不配合怎么办？

## 三、如何面对外国同事？

### （一）尊重他人

1. 要从内心明白人人都是平等的。

2. 不管是哪个国家的人，人家都有自己的文化和自己的私人空间。

3. 如果有的外国同事比较与众不同，不要大惊小怪。

4. 明白大家到这个学校，都是为了工作，为了挣钱，为了教好孩子。

### （二）尊重自己和自己的文化

1. 明白你自己也是个堂堂正正的人。

2. 你自己能到这个学校，一定有你自己过人的长处，虽然也可能有点儿运气。

3. 明白你和别的同事一样，都是这里的老师，虽然你们的工资可能相差悬殊。

4. 不要为了使别人认同而盲目改变自己。

5. 尊重自己的人，才能得到他人的尊重。

### （三）尽力帮助

1. 如果你在中国或者是讲中文的地方，那你就尽力帮助那些不会中文的同事。

2. 有的事情可能很琐碎，但是如果同事请你帮忙，你就要尽力；如果你不能帮忙，尽量向他们介绍一些可以帮助他们的人或信息。

### （四）不图回报

1. 你帮了外国同事，请尽快忘记，更不要指望他们的回报。

2. 如果他们感激你，给你小礼物，比如巧克力什么的，微笑着接受，并说声谢谢。

3. 你如果指望他们的回报，那你将会非常失望。

## （五）尝试融入

1. 外国同事，因为各种原因，他们很快就会有自己的圈子；你不用刻意去融入他们的圈子，偶尔参加他们邀请你的活动，没有问题。
2. 在教师休息室要有礼貌，不要大声喧哗。如果有你喜欢或合得来的同事，跟他们随便聊聊。
3. 如果没有人跟你聊，你可以静静地在那里坐着喝茶，也可以选择离开。
4. 如果他们有什么周末活动，你没有被邀请的话，请不要介意。
5. 如果你尝试过以后，觉得不太舒服，那就立即停止。

## （六）慢慢渗透

1. 不必急着向外国同事推销中国文化和中国语言。
2. 让他们自己慢慢体会，如果他们不感兴趣，无论你怎么努力也是没用的。
3. 在春节等富有中国特色的节日里，可以悄悄地进行一些小活动。
4. 时间长了，一定会有几个关系比较密切的同事，重点培养他们吧。

## （七）态度开放，积极学习

1. 积极学习外国同事好的教学经验，特别是课堂管理方面的经验。
2. 学习他们的工作态度，不要整天把自己搞得很紧张。
3. 学习他们对待学生的技巧。
4. 学习他们对事不对人的专业态度。
5. 做为中文老师，一定要多和EAL老师交流，他们的活动和游戏都很有用。
6. 学习不同文化中你认为可以借鉴的东西。

7. 甚至要向外国学生学习。

8. 态度一定要开放。

9. 要明白：哪里都有坏东西和让人不喜欢的人。

## （八）面对同事可能发生的问题

1. 我的同事对我傲慢无理怎么办？

2. 我上课的时候外国同事进来不敲门怎么办？

3. 我上课的时候外国同事进来训斥我的学生怎么办？

4. 我的外国同事背后告我的状怎么办？

5. 我的假洋鬼子同事对我无理怎么办？

6. 如何与中国同事、上司相处？

## 四、如何让学生对汉语感兴趣？

1. 首先要看这些学生的背景，对于西方国家的孩子来说，甚至他们的父母对学习外语都不是一件愿意做的事，特别是学中文——世界上最难的语言之一。他们学中文的兴趣和刻苦的程度，绝对不能跟我们学英语相比。知道和认识到这一点，我们就会把期望降低一些，失望也就少一点。

2. 外国孩子和家长，当然不是所有的，对好成绩的理解也和我们传统学校里的不同。在我们上学的时候，60才算及格，ABCD的D是可怕的，是不及格。但是很多外国家长觉得C就不错，D也是可以接受的，比如说 GCSE。我这样提醒大家，只是希望大家重新想一想，是他们真的没有动力，还是按照我们的标准，没有达标呢？

3. 值得我们欣慰的是，现在越来越多的孩子热爱中文了。

4. 如果学生真的没有兴趣，原因非常多，解决的办法也不一样。

5. 学生对汉语没兴趣，一般来说不外乎是以下几个原因：

   (1) 不是自己愿意学中文或学习中文的目的不明确。

   (2) 学习中遇到了困难，因为各种原因，没有及时解决，越来越大，最后无法解决，也就只有放弃了。

　(3) 家人不支持。

　(4) 功课太多。

　(5) 不喜欢老师。

　(6) 以前有过不愉快的学习中文的经历。

　(7) 现在的进度不适合他的汉语水平。

　(8) 中文真的太难了。

　(9) 心理障碍。

　(10) 没有好的学习习惯。

6. 针对不同学生，一定要进行具体分析。在进行分析的时候，师生的关系要起很大的作用。如果平时和学生的关系好，学生信任你，很快你就可以得到真相，问题也就迎刃而解了。所以又要谈到另外一个话题了，就是如何和学生建立健康的关系，但不是去讨好学生。

7. 学校、老师、家长要联合起来。

8. 要尽量让自己的课堂教学生动活泼起来。

9. 最后悄悄地说一句：老师是非常重要的，如果想让学生对中文感兴趣，你就得先做个有趣的老师。

## 五、如何处理"问题学生"？

1. 什么是"问题学生"？他们对老师和中文课的态度极差，还故意在课堂上捣乱、起哄，非常叛逆、不服管教，有的甚至还有心理方面的问题，比如自闭症、多动症、容易抑郁和狂暴等。有时候因为一个学生有问题，整个班都跟着起哄模仿，导致一个班的课堂纪律都很难维持。

2. 这个问题我想很多老师都遇到过，我曾经教过一个班，一共26人，其中13个有问题。这个时候，你就得先吸口气，然后再走进你的教室。

3. 要理解学生，特别是那些"问题学生"，他们在别的课堂上，都已经被修理得够呛了，因为他们一般不敢在外国老师的课堂上太过分，所以到了你的课堂上，他们一定会找各种机会，让自己放松点儿，明白了这点，你就会感觉稍微好点儿。

4. 这些孩子一般都是学中文遇到过很多的问题，所以你对他们的期望值一定要降低，只要他们在课堂上不太出格，学多少就算多少。

5. 对待学生要有一定的要求和目标，要尽量让他们完成。但是一定得掌握好分寸。

6. 记住中国的一个成语，杀鸡给猴看，平时也就算了，抓到机会，一定要发发威。

8. 千万不要当着全班的面和一个同学争论，不论发生了什么，要把当事人叫出教室，个别修理，否则如果几个坏学生一抱团，你就惨了。

9. 这些孩子的特点，大多是不喜欢写汉字，所以不要让他们写太多，一点一点地加，他们阅读的时候喜欢拼音，你可以让全班一起加拼音；这些孩子大都喜欢运动，所以多做些活动绝对有帮助。

10. 记住，即使是最坏的孩子，也有闪光的地方。尽量表扬鼓励，比批评要有效一些。

11. 如果有时间，你也愿意，请尝试参加他们的课外活动，参与他们喜欢和擅长的活动，一方面可以更好地了解你的学生，同时还可以让他们知道，你是从心里喜欢他们的。

12. 做一个酷老师，理解他们、倾听他们。

13. 千万记住不要在学生面前失态，不要大喊大叫、哭泣等等，学生都在看，如果你这样了，你就输掉了和他们的战争。

14. 跟学生不能真的动气，要学会演戏，要拿好度。

15. 如果一个班里有几个问题学生该怎么办？如果某节课教的内容比较多的话，老师可能就要把许多时间和精力放在教会基本内容和组织课堂游戏上，这样紧凑的教学步骤常常让老师手忙脚乱，如果学生再一吵闹，这节课就很难上得好了。学生不开心，老师也不开心，久而久之，容易出现恶性循环。我和我的同事们都比较头疼这个问题，但是有时候又不可避免。

16. 课堂上一定要让他们忙起来。

17. 因材施教，区别对待。网上有很多这方面的文章，你自己去找一下。

18. 我经常利用好的学生来帮助不好的，他们都忙，都有事情做，你可以利用这段时间准备更多的东西；但是要掌握分寸，不要让学生和家长抱怨。

19. 他们在写东西的时候，可以允许他们听音乐，如果你的学校没有特别规定的话。

20. 不要太在意教学方法和策略，学生跟你时间长了，都会适应你的方法，要给他们不同的东西，要让他们像小蜜蜂一样工作才是最主要的。

21. 学习一些课堂管理的小方法。

## 六、作业问题

1. 如果课后学生不练习不复习又不完成作业，家长也不关心、不在意或者不愿意督促学生加强练习的话，那差距就越来越大，学生自己也越来越没有兴趣学中文了，老师在课堂上也越来越难教，像这样的学生和家长如何处理？给学生什么样的作业量才合理？

2. 不要期望可以像我们小时候上学时老师对我们那样对待这些外国孩子，这是永远做不到的。

3. 不要期望每个学生家长都重视学生的学习，期望太高，反而可能会越来越失望。

4. 如果孩子实在是差，家长又不管，你在家长会上就得做家长的工作，不仅要动之以情，最主要的是要同时提出帮他们解决问题的方法，比如：

(1) 是不是可以给他介绍价格合理的补习老师？

(2) 是不是给他们一些好的网站？

(3) 是不是告诉他们应该花多长时间才可以？

(4) 一般地说，家长还是理解的，碰到了个别实在不配合的家长，你就放手好啦，皇帝不急，你急什么呢？

5. 关于家庭作业的问题，我一直认为，尽量用课堂时间多做练习，比如比较难一点的练习、口语等需要有人帮助，有错可以立即改正的东西。

6. 放学回家的作业以复习生词、简单阅读等不需要别人帮助也可以应付的为主。很难说多少是合理的，要根据学生的情况而定。具体的量，要根据学校的规定而定，如果没有，一般不要超过半小时。

7. 对于中国家长，要跟他们讲清楚，既然把你的孩子送到英文学校，中文就不可能像他们期待得那么高了，如果需要，请他们协助在家里补习。

## 七、课堂教学的几个技巧

1. 如何教西方的学生学习汉字？在同一个班里，老师对他们的要求应该是怎样的？有没有一些非常有效的、学生喜闻乐见的学汉字的方法？

   (1) 开始的时候要一笔一笔地教他们笔顺。

   (2) 让他们配合手指动作说出笔画，告诉他们基本笔画中文怎么说，让他们举起手，跟你一起，一边说笔画一边在空中写。

   (3) 不要太在意笔顺，经常做些不同的活动，让他们不知不觉地就写了汉字，比如我的小中文书、BINGO。

   (4) 可让学生在白板上写，不一定非得在本子上。

   (5) 进行比赛，看谁写的好。

   (6) 告诉他们有的笔画出头不出头没有关系，有的就有很大的关系，比如：己、已。

   (7) 你有其他好的方法吗？

2. 如何鼓励、激励学生学习中文？对一些中文较好的学生怎么激励？对一些学习中文很困难，甚至反感、厌恶中文的学生怎么激励？

   (1) 首先是千万不能吝啬你的表扬，要经常表扬鼓励他们，哪怕是一点点你觉得不值得表扬的也尽量表扬。

   (2) 对中文好的学生，除了给他们更多的机会表现以外，让他们帮助差点的学生也是一个好方法，当你的小助手，你也省事，他也高兴、骄傲。

(3) 给他们不同的任务，不断地挑战他们。

(4) 我们都有过因为喜欢一个老师而喜欢那门课的经历。

(5) 对于差的学生，看前面的一些方法。

3. 如何让中文课更加有意思？比如一些有用的、行之有效的教学方法和游戏、课堂活动等等。

4. 有很多可行的游戏和活动，但是一定要跟学生讲明白，做游戏和活动的目的是为了学习，否则你有可能被家长投诉。

## 八、如何面对校长、年级主任

1. 尽量保持专业精神。

2. 不要害怕，记住：对事不对人。

3. 不要夸大。

4. 不要急于为自己辩护。

5. 先聆听，然后再讨论。

6. 处理好上下级关系。
   ……

## 九、没有提到的问题

1. 如何减轻压力、自己的工作量。

2. 怎么有效地写成绩报告。

3. 需批改的作业太多怎么办？

4. 如何提高自己在学校的形象？

5. 如何跟教其他语言的老师相处？

## 十、一些随想

1. 看看别的同事都怎么做，穿什么。

2. 多参与组织或参加学校的活动。

3. 不要整天谈工作。

4. 尽量提高英语能力。

5. 小事情也要注意，比如中午吃饭。不要带有特殊味道的菜，比如鱼、韭菜等。我们吃起来也许好吃，但别人闻起来可能不好受。

6. 直接沟通，让上面的人知道你在做什么，做了什么。

7. 设定你的底线，敢于说不。

8. 尽量想办法把教室布置得漂亮又有特色。

## 十一、联系方式

1. vbao@hotmail.com

2. victorbao@gmail.com